宋·洪遵编

翰苑群書

中國書店

詳校官主事臣陳木

臣紀昀覆勘

欽定四庫全書　　史部十二

翰苑羣書　　職官類　官制之屬

提要

臣等謹案翰苑羣書十二卷宋學士承旨洪遵編後有乾道九年遵題記陳振孫書録解題曰自李肇而下十一家及年表中興後題名共為一書此本所載為李肇翰林志元稹承旨學士院記韋處厚翰林學士記韋執誼

翰林院故事楊鉅翰林學士院舊規丁居晦重修承旨學士壁記李昉禁林宴會集蘇易簡續翰林志蘇耆次續翰林志學士年表翰苑題名翰苑遺事凡十二種其遺事為遵所續年表題名之外所收不過九家與振孫所記不合案文獻通考所載尚有唐張著翰林盛事宋李宗諤翰苑雜記若合此二家正足十一家之數殆原本有之而今佚也其書於

歷代翰林典故頗為詳贍足資考核録之以備職官類之一種焉乾隆四十九年十一月恭校上

總纂官臣紀昀臣陸錫熊臣孫士毅

總校官臣陸費墀

欽定四庫全書

翰苑羣書卷一

宋 洪遵 編

翰林志

昔宋昌有言曰所言公公言之所言私王者無私夫翰林為樞機宥密之地有所慎者事之微也若制置任用則非者王之私漢制尚書郎主作文書起草更直於建禮門內臺給青縑白綾或以錦被帷帳氊褥畫通中枕

大官供食湯官供餅餌五熟果五日一美食下天子一等建禮門內得神仙門神仙門內得光明殿神仙殿自門下省中書省葢比今翰林之制略同而所掌輕也漢武帝時嚴助朱買臣吾丘壽王司馬相如東方朔枚臯之徒皆在左右是時朝廷多事中外論難大臣數詘亦其事也唐興太宗始於秦王府開文學館擢房玄齡杜如晦一十八人皆以本官兼學士給五品珍膳分為三番更直宿於閣下討論墳典時人謂之登瀛洲貞觀初

置弘文館學士聽朝之隙引入大内殿講論文義商較時政或夜分而罷至玄宗置麗正殿學士名儒大臣皆在其中後改為集賢殿亦草書詔至翰林置學士集賢書院詔乃罷初國朝修陳故事有中書舍人六員掌詔誥雖曰禁省猶非密切故溫大雅魏徵李百藥岑文本褚遂良許敬宗上官儀時召草制未有名號乾封已後始曰北門學士劉懿之劉禕之周思茂元萬頃范履冰為之則天朝蘇味道韋承慶其後上官昭容獨掌其事

睿宗則蘇頲賈膺福崔湜玄宗初改為翰林待詔張說陸堅張九齡徐安貞相繼為之改為翰林供奉開元二十六年劉光謹張垍乃為學士始別建學士院於翰林院之南又有韓翃閻伯璵孟匡朝陳兼李白蔣鎮在舊翰林院雖有其名不職其事至德宗以後翰林始兼學士之名代宗初李泌為學士而今壁記不列名氏盖以不職事之故也

按六典中書掌詔旨制敕璽書冊命皆案典故起草進

書其禁有四一曰漏洩二曰稽緩三曰遺失四曰忘誤所以重王命也制敕既行有誤則奏而正之凡王言之制有七一曰冊書立后建嫡封樹藩屏寵命尊賢臨軒備禮則用之二曰制書行大典賞罰授大官爵釐革舊政赦宥降虜則用之三曰慰勞制書褒贊賢能勸勉遣勞則用之四曰發日敕增減官員廢置州縣徵兵發馬除免官爵授六品以下官處流以上罪並用之五曰敕旨為百司承旨而為程式奏事請施行者六曰論事敕

書慰諭公卿誡約臣下則用之七曰勅牒隨事承旨不易舊典則用之又答疏於王公則用皇帝行寶勞來勲賢則用皇帝之寶徵召臣下則用皇帝信寶答四夷書則用天子行寶撫慰蠻夷則用天子之寶發蕃國兵則用天子信寶並甲令之定制也近朝大事直出中禁不由兩省不用六寶並從權也元和初制書詔印學士院主之凡赦書德音立后建儲大誅討免三公宰相命將曰制並用白麻紙不用印雙日起早候閤門鑰入而後

進書隻日百寮立班於宣政殿樞密使引案自東上閤
門出若謫宰相則付通事舍人矩步而宣之機務要速
亦用雙日甚者雖休假追朝而出之凡賜與徵召宣索
處分曰詔用白藤凡慰軍旅用黄麻紙並印凡批答表
疏不用印凡太清宮道觀薦告詞文用青藤紙朱字謂
之青詞凡諸陵薦告上表内道觀歎道文並用白麻紙
雜詞祭文禁軍號並進本
凡將相告身用金花五色綾紙所司印凡吐蕃贊普書

及别録用金花五色綾紙上白檀香木真珠瑟瑟鈿函銀鏁回紇可汗新羅渤海王書及别録並用金花五色綾紙次白檀香木瑟瑟函銀鏁諸蕃軍長吐蕃宰相回紇内外宰相摩尼已下書及别録並用五色麻紙紫檀木鈿函銀鏁並不用印南詔及大將軍清平官書用黄麻紙出付中書奉行却送院封函與回紇同凡畫而不行者藏之函而不用者納之

凡參議奏論撰述注釋無定名奏復無晝夜凡徵天下

草澤之士臨軒策試則議科設問覆定與奪凡受宣有堂歷日記有承旨簿記大抵四者之禁無殊而漏泄之禁為急天寶十二載安祿山來朝玄宗欲加同中書門下平章事命張垍草制不行及其去也怏怏滋甚楊國忠曰此垍告之也遂貶盧溪郡司馬兄均建安郡太守弟埱宜春郡司馬

德宜雅尚文學注意是選乘輿每幸學士院顧問錫賚無所不至御饌珍肴輟而賜之又嘗名對於浴堂移院

於金鑾殿對御起草詩賦唱和或旬日不出吳通微昆季同時擢用與陸贄爭恩不叶甚於水火天下醜之貞元三年贄上疏曰伏詳令式及國朝典故凡有詔令令由於中書如或墨制施行所司不須承受蓋所以示王者無私之義為國家不易之規貞觀中有學士一十八人太宗聽朝之餘但與講論墳籍時務得失悉不相干實錄之中具載其事玄宗末方置翰林張垍因緣國親特承寵遇當時之議以為非宜然止於唱和文章批答

表疏其於樞密輒不預知肅宗在靈武鳳翔事多草創權宜濟急遂破舊章翰林之中始掌書詔因循未革以至於今歲月滋深漸逾職分頃者物議尤所不平皆云學士是天子私人侵敗綱紀致使聖代虧至公之體宰臣有備位之名陛下若俯順人情大革前弊凡在詔敕悉歸中書遠近聞之必稱至當若未能變改且欲因循則學士年月校深稍稍替換一者謗議不積二者氣力不衰君臣之間庶全終始事關國體不合不言疏奏不

納雖徵據錯謬然識者以爲知言貞元末其任益重時人謂之內相而上多疑忌動必拘防有守官十三考而不遷故當時言內職者多滎滯相半及順宗不豫儲位未立王叔文起於非類竊學士之名内連牛美人李忠言外結姦黨取兵柄弄神器天下震駭是時鄭絪爲内庭之老首定大計令上即位授絪中書侍郎平章事初姜公輔行在命相乃就地而拜之至李吉甫除中書侍郎平章事適與裴垍同直垍草吉甫制吉甫草武元

衡制垂簾揮翰兩不相知至暮吉有歎惋之聲迨終不言書麻尾之後乃相慶賀禮絶之敬生於座中及明院中使學士送至銀臺門而相府官吏候於門外禁署之盛未之有也

凡學士無定員皆以他官充下自校書郎工及諸曹尚書皆為之所入與班行絶跡不拘本司不繫朝謁常參官二周為滿歲則遷知制誥一周歲為遷官則奏就本司判記工月日北省官宰相送南省官給舍丞郎送上

興元元年勑翰林學士朝服序班宜準諸司官知制誥例凡初遷者中書門下仍令右銀臺門候旨其日入院試制書答共三首詩一首自張仲素後加賦一首試畢封進可者翌日受宣乃定事下中書門下於麟德殿候對本院賜宴營幕使宿設帳幕圖褥尚食供饌酒坊使供美酒是為勑設序立拜恩訖候就宴人賜衣一幅絹三十疋飛龍司借馬一疋日人進文一軸内庫給青綺錦被青綺方褡青綾單帕漆通中枕銅鏡漆奩象篦旬

大小象梳漆箱銅浮羅銅甯椀紫絲履白布手巾畫木架牀鑪銅案席氊褥之類畢備內諸供奉膳飲之物主膳四人掌之內園官一户三人以使令其所乘馬送迎於擗仗門內横門之西度支月給手力資四人人錢三千五百四品以工加一人每歲內賜春服物三十疋暑服三十疋綵七屯寒食節料物三十疋酒餡杏酪粥屑飲哾清明火二社蒸餜端午衣一副金花銀器一事百索一軸青團鏤竹大扇一柄角糉三服粆蜜重陽酒餹

糕粉冬至歲酒兎野雞其餘時果新茗瓜新歷是為經
制直日就頒授下直就第賜之凡內宴坐次宰相坐居
一品班之上別賜酒食珍果與宰相同賜帛二十疋金
花銀罷一事貞元四年敕晦日上巳重陽三節百賜寮
宴樂翰林學士每節賜錢一百千其日奏選勝而會賜
酒脯茶果明年廢晦日置中和節宴樂如之非凶年旱
歲兵革則每歲為常
凡正冬至不受朝俱入進名奉賀大忌進名奉慰其日

尚食供素饌賜茶十串

凡郊廟大禮乘輿行幸皆設幕次於御幄之側侍從親近人臣第一御含元殿丹鳳樓則二人於宮中乘馬引駕出殿門徐出就班大慶賀則俱出就班

凡當直之次自給舍承郎入者三直無儤自起居御史郎官入五直一儤其餘雜入者十直三儤新遷官一直服價名於次之中減半著為別條例題於北壁之西閣

凡交直候内朝之退不過辰巳入者先之出者後之直

者疏數視人之衆寡事之勞逸隨時之動靜凡節國忌授衣二分田假之令不霑有不時而集併夜而宿者或内務不至外喧已寂可以探窮理性養浩然之氣故前輩傳楞伽經一本函在屋壁每下直出門相謔謂之小三昧出門銀臺乘馬謂之大三昧如釋氏之去纒而自在也北廳前堦有花塼道冬中日及五磚為入直之候李程性懶好晚入恒過八塼乃至衆呼為八塼學士

元和以後院長一人别刺承旨或密受顧問或白對敭

居北壁之東閣號為承旨閣子其屋棟別列名焉故事駕在大内即於明福門置院駕在興慶宮則於金明門内置院今在右銀臺之北第一門向北牓曰翰林之門其制高大重複號為北門入門直西為學士院即開元二十六年所置也引鈴於外惟宣事入其北門為翰林院又北為少陽院東屋三院西廂之結麟樓南西並禁軍署有高品使二人知院事每日晚執事於思政殿退而傳旨小使衣綠黃青者建至十人更番守曹南廳五

間本學士駙馬都尉張垍飾爲公主堂今東西間前架
高品使居之中架爲藏書南庫西三間前架中三洞各
設榻受制旨印書詔二時會食之所四壁列制敕條列
名數其中使置博局一印櫃中間爲北一户罘東西各
二間學士居壁之出北門横屋六間當北廳通廊東西
二間爲藏書北庫其二庫書各有録約八千卷小使主
之西三間書官居之號曰待制北廳五間東一間是承
旨閣子並學士雜處之題記名氏於壁者自吕向始建

中以後年月遷換乃為周悉南北二廳皆有懸鈴以示呼召前庭之南横屋七間小使居之分掌案牘詔草紙筆之類又西偏為高品使之馬廐北為竇庫之北小板廊抵於北廳西舍之南其一門待詔帶小平嘗處其中死而復生因敞為南向之宇畫山林樹石號為畫堂次二間貯遠歳詔草及制舉詞策又北迴而東並待詔居之又東盡於東垣為典主堂待詔之職執筆硯以俟書寫多至五六員其選以能不以地故未嘗用士人自王

伍得志優給頗厚率三歲一轉官有至四品登朝者盧廊曲壁多畫怪石松屋北廳之西南小樓王涯率人為之院內古槐松玉蘂藥樹柿木瓜菴羅峘山桃李杏櫻桃紫薔薇辛夷蒲萄冬青玫瑰淩霄牡丹山丹山芍藥石竹紫花蕪菁菊當陸茂葵萱草紫苑署學士至青者雜殖其殆至繁臨元和十二年肇自監察御史入明年四月改左補闕依舊職守中書舍人張仲素祠部郎中知制誥段文昌司勳員外郎杜元穎司門員外郎沈

傳師在焉是時睿聖文武皇帝裂海岱十三州為三道之歲時以居翰苑皆謂凌玉清遡紫霄豈止於登瀛洲哉亦曰登玉署玉堂焉

翰苑羣書卷一

欽定四庫全書

翰苑羣書卷二

宋 洪遵 編

承旨學士院記

舊制學士無得以承旨為名者應對顧問旅次班第以官為上下憲宗章武孝皇帝以永貞元年即大位始命鄭公絪為承旨學士位在諸學士上居在第東一閤乘輿奉郊廟輒得乘廐馬自浴殿由內朝以從揭雞竿布

大澤則丹冊鳳之西南隅外賓客進見於麟得則止直禁中以俟大凡大誥令廢置丞相之密畫內外之密奏上之所甚注意者莫不專受專對他人無得而參非自異也法不當言用是十七年之間由鄭至杜十一人而九參大政其不至者衛公諮及門而返事適然也〔禁省中備傳其事〕至於張則弄相印以俟其病間者久之卒不興命也已若此則安可以昧陋不肖之稹繼居九丞相二名卿之後乎俛仰瞻睹如遭大賓每自誨其心曰以若

之不俊不明而又使欲惡歆曲攻於內且決事於冥冥之中無暴揚報効之慮遂忽行私易也然而陰潛之神必有記善惡之餘者以君父之遇若如是而猶舉枉措直可乎哉使若之心忽而為他人盡數若之所為而終不自愧乃可矣昔魯恭王餘畫先賢於屋壁以自警臨我以十一賢之名氏豈直自警哉由是謹其遷授書於座隅長慶元年八月十日記

鄭絪貞元二十一年二月自司勳員外郎翰林學士拜

中書舍人賜紫金魚袋充其言十月二十七日拜中書侍郎同中書門下平章事集賢殿大學士

李吉甫永貞元年十二月二十四日自考功郎中知制誥入院二十七日正除仍賜紫金魚袋充元和元年加銀青光禄大夫二年正月二十一日拜中書侍郎同中書門下平章事

裴垍元和二年四月十六日自考功郎中知制誥翰林學士賜紫金魚袋拜中書舍人充三年四月二十五日

出院拜户部侍郎其年冬拜中書侍郎平章事

衛次公元和三年六月二十五日以兵部侍郎入院充七月二十三日加制誥四年三月改太子賓客出院後拜淮南節度使

李絳元和四年四月十七日自主客員外郎翰林學士拜司勳員外郎知制誥充五月十九日賜紫金魚袋五年五月五日遷司勳郎中知制誥十二月　正除六年二月二十七日出院拜户部侍郎其年十月拜中書侍郎

平章事

崔羣元和六年二月四日以庫部郎中知制誥翰林學士賜緋魚袋充七年四月二十九日正除九年六月二十六日出院拜戸部侍郎十二月拜中書侍郎平章事

王涯元和十一月正月十八日以中書舍人入院充二十四日賜紫金魚袋十月十七日拜工部侍郎知制誥十二月十九日拜中書侍郎同中書門下平章事

令狐楚元和十二年二月二十四日以職方郎中知制

誥翰林學士賜緋魚袋元三月二十日正除八月四日
出守本官後自河陽節度拜中書侍郎平章事
張仲素元和十三年二月十八日以司封郎中知制誥
翰林學士仍賜紫金魚袋十四年三月二十八日正除
其年卒官贈禮部侍郎
段文昌元和十五年閏正月一日以中書舍人翰林學
士與杜元頴同承旨仍賜紫金魚袋八月拜中書侍郎
同中書門下平章事

杜元穎元和十五年閏正月一日以司勲員外郎翰林
學士充賜紫金魚袋二十一日正除十一月十七日拜
户部侍郎知制誥長慶元年二月十五日以本官同中
書門下平章事
元稹長慶元年二月十六日自祠部郎中知制誥行中
書舍人翰林學士仍賜紫金魚袋其年十月十九日拜
工部侍郎出院二年二月拜本官平章事
李德裕長慶元年正月二十九日以考功郎中知制誥

翰林學士賜緋魚袋二月四日遷中書舍人充餘如故
十九日改御史中丞出院
李紳長慶二年二月十九日自司勲員外郎知制誥翰
林學士賜緋魚袋遷中書舍人充二十三日賜紫金魚
袋三年三月二十七日改御史中丞出院
韋處厚長慶四年二月十三日以侍講學士權知兵部
侍郎知制誥賜紫金魚袋爲翰林學士充十月十四日
正拜兵部餘如故寶歷元年十二月十七日拜中書侍

郎平章事

翰苑羣書卷二

翰苑羣書卷三

宋 洪邁 編

翰林學士記

魏晉以後典綜機密政本中書詔命辭訓皆必由焉唐有天下因襲前代爰自武德時有密命則溫大雅魏徵李百藥岑文本之屬視草禁中乾封則劉懿周思茂范履冰之倫秉筆便坐自此始號北門學士皆自外名入

未列秘書玄宗開廣視聽搜延後賢始命張說陸堅張九齡徐安貞輩待詔翰林厥後錫以學士之稱蓋由德成而上與夫數術曲藝禮有所異也逮自至德台輔伊說之命將壇出車之詰霈洽天壤之澤導揚顧命之重議不及中書矣尺一旁午章奏藂至指縱命中之略謀猷帷幄之祕隂隲造化嘉猷密勿制萌乎將然事搆乎無形皆歸元后而播興運循名跡者莫窺其轍想風彩者罔究其端誰否無得而稱矣貞元中由此而居輔弼

者十有二焉元和中由此而膺大用者十有六焉近日丞相府不由內庭者斷國論宰法度雖有利器長材未免缺折掉撓建中以來簡拔尤重故必密如孔光博如延州文如卿雲學如歆向器如黃顏直如史魚然後得中第士之遊心處已景行於六如者而又飾之以潔珪璋之行貫金石之誠雖潛聲匿迹莫能脫口漢時始置尚書郎五人平天下奏議分直建禮含香握蘭居錦帳食大官則今之翰林名異而實同也時論以為登

王清翔紫霄豈蓬山瀛洲而足喻乎齊桓納厩人編棧之説以為直木傳直則曲無由至曲木傳曲則直無由至後之君子戴明聖協盛時推廢人之規矩乎引賢使如貫珠駢璧則瑕瑜不雜矣内給事李常暉内謁者將王士玖並掌院事近乎十年與直循公之議聆於中書舍人杜元穎兵部侍郎沈傳師洎諸學士皆涉歷歲久備乎前聞者也李常暉以北閣舊記室別堵殊義非貫通改於前廳時以為便上聖紹復墜典留神太古處厚

與司勳郎中路隨職參侍講通籍近署紀述之事前託
沈傳師沈公以為稱善之在已不若使其在人讓於處
原固陋無以辭時皇帝統臨四海之初元也

翰苑羣書卷三

欽定四庫全書

翰苑羣書卷四

宋 洪邁 編

翰林院故事

翰林院者在銀臺門内麟德殿西重廊之後葢天下以藝能技術見召者之所處也學士院者開元二十六年之所置在翰林院之南别户東向考視前代即無舊名貞觀中秘書監虞世南别十八人或奏府故寮或當時

才彥皆以弘文館學士會於禁中內參謀猷延引講習出侍輿輦入陪宴私十數年間多至公輔當時號為十八學士其後永徽中黃門侍郎顧琮復有麗正之稱開元初中書令張說等又有集仙之目皆用討論未有典司玄宗以四隩大同萬樞委積詔勑文誥悉由中書或慮當劇而不周務速而時滯宜有偏掌列于宮中承導邇言以通密命由是始選朝官有詞藝學識者入居翰林供奉別旨於是中書舍人呂向諫議大夫尹愔首充

焉雖有密近之殊然亦未定名制詔書勅猶或分在集賢時中書舍人張九齡中書侍郎徐安貞等迭居其職皆被恩遇至二十六年始以翰林供奉改稱學士由是遂建學士俾專内命太常少卿張垍起居舍人劉光謙等首居之而集賢所掌於是罷息自後給事中張淑中書舍人張漸竇華等相繼而入焉其外有韓翃閻伯璵孟匡朝陳兼蔣鎮李白等在舊翰林中但假其名而無所職至德已後軍國務殷其入直者並以文詞共掌誥

敕自此北翰林院始無學士之名其後又置東翰林院於金鑾殿之西隨上所在而遷取其便穩大抵召入者一二人或三四人或五六人出於所命蓋無定數亦有鴻生碩學經術優長訪對質疑主之所禮者頗列其中崇儒也初自德宗建置以來秩序未立廷勤之際各趨本列暨貞元元年九月始有別敕令明預班列典諸司官知制誥同列故事中書以黄白二麻為綸命重輕之辨近者所出獨得用黄麻其白麻皆在此院自非國之

重事拜授將相德音赦宥則不得由於斯稽夫發揮大猷藻繪上命隻簡片削可以動乎人神風行四方萬里始覩非制誥之謂歟盖人君深拱端默於穆清之中茫茫九區視聽不及雖堯德舜智湯明禹哲不能庭策以朝告不能家閱以户臻必欲忘典謨掩訓哲陰諭於天下密符於胷襟洪荒以還所蔑聞也故議定於內而事修於外言發於上而音達於人微乎斯百度闕矣況此院之置尤為近切左接寢殿右瞻彤樓晨趨瑣闥夕宿

嚴衛密之至也騶鑣得御廄之駿出入有內司之導豐餚潔膳取給大官衾裯服御資於中庫恩之厚也備侍顧問辯駁是非典持緗牘受遣羣務凡一得失動為戚否職之重也若非謹恪而有立秉貞而通理俾乂樞要簡於帝心言不及溫樹之名慎不遺轅馬之數處是職者不亦難乎至於强學修詞刀筆應用或久洽通儒之望或早升文墨之科雖必有之乃餘事也自立院已往五紀於茲連飛繼鳴數逾三十而屋壁之間寂無其文

遺草簡畧于析編求名時得於邦老温故之義於斯闕

如羣公以執誼入院之時最為後進紀叙前輩便於列

詞收遺補亡敢有多讓其先後歲月訪而未詳獨以官

秩名氏之次述於故事庶後至者編繼有倫貞元二年

龍集景寅冬十月記

開元以後

呂向 自中人充供奉出為工侍　　尹愔 自大諫充供奉

劉光謙 自起人累累改司中又充　　張垍 自太常卿充駙盧谿郡司馬

張淑自給中充　張漸自中人充

竇華自中人充　裴士淹自給中充出為禮侍

至德以後

董晉自校書郎充出為汾州司馬　于可封自補闕充出為司業

蘇元明自中書舍人充　趙昂自太博充祠外又充卒于駕外

潘炎自五騎衛兵曹充累改駕中又充中人又充出守太官

寶應以後

常兗自補闕充還考中又充出知制誥　柳伉自校書郎充出鄠縣尉改太博又充

兵外又充大諫又充尋丁憂

于益 自駕部員外充大諫又充卒

張涉 靖恭太子廟丞充遷左省常侍又充卒

于肅 自北外充考中又充給中又充卒

建中以後

張周 自洛陽尉充改河縣丞又充改兵曹又充改虢州司馬

姜公輔 自拾遺充改京兆府戶曹又充遷大諫平章事

趙宗儒 拾遺充屯外又充出守本官

歸崇敬 司業充常侍又充戶曹又充工書又充兵書致仕

貞元以後

陸贄祠外充考中又考大諫又充中人又充丁憂權兵侍又充

吳通微金外充職中又充知誥又充賜紫改大諫又充與通玄是兄弟

吳通玄侍御史充起人人充制誥又賜紫又大諫充並同年月日

顧少連少外充禮中充又中人充出爲户侍　吳陟起郎充病不入

吉中孚司封郎中知誥充大諫又充出爲户侍判度支　韋執誼拾遺充又知制誥又賜緋又起人充

梁肅補闕兼太子侍讀充

韋綬補闕充　鄭絪封外知誥充賜緋

鄭餘慶庫中充　衛次公補闕內供奉充

李程 察院充水外又充

王涯 藍田尉充補闕供奉又充

張聿 正字充拾遺又充

李建 校書充拾遺充出為府司直

凌準 浙東判官充都外又充出判度支

王叔文 起入充出為度支副使

王伾 翰林待詔充改常侍賜紫

李吉甫

裴垍

元和以後

李絳 東臺察院充水外又充中人又充出為戶侍改中書侍郎平章事

崔羣 補闕充庫外又充郎中又充中人又充出為禮部侍郎

白居易盩厔尉授集賢校理充拾遺又充京兆府戶曹又充

錢徽左補闕充祠外又充中人又充出守本官

常弘景

獨孤郁補闕充病拜秘書少監卒贈絳州刺史

蕭俛駕中充又加知制誥出守本官

劉從周補闕充卒贈禮部員外

徐晦都外充賜緋封中又充出守本官

令狐楚職外知誥充又賜緋又正郎充中人又充出守本官

郭求藍田尉授集賢校理充拾遺又充出守本官

王涯中書舍人充又賜緋

段文昌祠部員外充

張仲素禮部員外充

杜元穎太博充拾遺又充

沈傳師補闕充

李肇監察御史充

翰苑羣書卷四

翰苑羣書卷五

宋 洪邁 編

翰林學士院舊規 按閣下本作李愚唐志并崇文總目作楊鉅今以史為正

初入儤直例

諸行尚書三十五 左右丞侍郎四十 常侍諫議給事舍人四十五 諸官知制誥五十 如諫議知郎四十五 太常少卿諸行郎中五十五 諸行員外起居侍御史六十 殿中補闕六十五 監察

拾遺太常博士七十五四赤令雜人入一百未昇朝一百二十白身一百四十前資各加五直初入轉官三十直以後每轉一直改服色一直初知制誥三直以上遇本直更儤一日每新人入五儤三直一點自後兩直一點兩人齊入即無點初入亦須酌量都儤直數足三直多少

草麻例

新入學士須見舊學士草麻了方合當制已後即據草制遠處即當制草第一第三更有准此並以命官高卑不次

不繫學士官位如當制日遇將相名姓與私諱同者即請同直替草遠諱不在此限

草書詔例

唐天復三年七月二十一日學士柳璨准宣於思政殿對便令到院宣示待詔自今後寫勅書後面不得留空紙

號簿例

不得有行坐人字及諸凶惡文字及廟諱官諱事

承旨歷

並先堅生狀若干道遣書詔事休上歷及署名並記官位次第不得記私事應入内草文書只言某一准宣入内不得言所草文書仍須直書并州府去處以防宣索

判公廨例

在院最小學士判

書詔樣

凡外藩奏事專使若是都押衙都虞候即言都押衙都

虞候其乙至其餘一例言軍將某乙若是幕府官即一例言判官某乙至如是步奏官即言奏事官某乙至若是進奏官即空言省所奏如是自奏事回書即言具悉若因人奏事賜書詔即不言具悉詔內呼卿後定故茲詔示想宜知悉急詔便言故茲急詔密詔便言故茲密詔以下語及時候侍詔院有例書內呼汝後言故茲示諭如賜諸蕃鎮將校及內外八鎮將校書則書頭具本職名賜諸王詔如是兄叔不呼名卿處改爲王賜國舅詔官敕某官舅呼卿

處改呼舅如是國舅附馬不繫官位高卑並賜詔近准中書記事國舅詔內捨族呼名諸王新婦只言某國夫人某氏若中書覆狀內有云中書門下行敕處分其詔語不得與覆狀詞同末云餘從別敕處分或命官宣示亦云今授某官已後從別敕處分賜節度使及三軍將士敕書云敕某乙三兩聯便云將士等及獎將士三軍等故具言宣慰事意其除授節使或發兵尾云專遣乙若賜官告即云專官使告使吏云等往彼宣賜下云便令慰諭想宜知悉時候卿與將士各得手

安好叅佐官僧道者壽百姓並存問之遣書措不多及
非節祭不同叅佐出師在外不問僧道已下

祠祭祈賽例

南郊惟年月日嗣天子臣署敢昭告於昊天上帝之靈
北郊嗣天子臣署敢昭告于后土之靈
五帝嗣天子臣署敢昭告于青帝之靈諸帝各依方色
太廟稱孝子孝孫皇帝臣署敢昭告于云云及廟號並依
前項亦云
敢昭告于

太社太稷各一本稱天子署敢昭告于太社之靈以上

諸尾並云伏惟尚饗

五嶽維年月日皇帝署遣某官某乙致祭于祈禱即云

告

賽謝即云昭賽于某王尾即云尚饗自新朝署各應例不署

東嶽天齊王　中嶽中天王　西嶽金天王

南嶽司天王　北嶽安天王

四瀆惟不御署其餘並同五嶽

江瀆廣源公　河瀆靈源公　淮瀆廣潤公

濟瀆清源公

九宮貴神

太一　天一　攝提　咸池　軒轅　招揺　天符

青龍　太陰

以上並云年月朔嗣天子不稱臣謹遣某官某祭于某

貴神之靈尚饗

風師　雷師　雨師　諸星帝

北郊岳鎮海瀆惟此一處皇祭其餘並同一依風神以下只云皇帝某遣致祭某之神尚饗

以上並是舊例為水旱災異祈禱處其諸色神祠牧敕

賽祀臨時酌量輕重發遣

道門青詞例

維某年月歲次某月朔某日辰嗣皇帝臣署謹差某銜

威儀某大師賜紫某處奉依科儀修建某道場幾日

謹稽首上啓虛無自然元始天尊太上道君太上老君

三請衆聖十極靈仙天地水三官五嶽衆二十六部

衆經三界官屬宮中大法師一切衆靈臣聞云云尾云

謹詞

天皇大帝表（亦使表紙）

維某年歲次某月朔某日嗣天子　署　謹醮告于天皇太

帝伏以云云尾

北極尊神以下醮下（使白紙者）

維年月同正嗣皇帝　署　謹致醮于北極尊神及日月七

曜二十八宿諸位星辰等伏以

尾尚饗

祭諸色神祇文使白紙與北極文同時發遣

維年月日皇帝遣陰陽官某乙致祭于五嶽四瀆天曹地天諸龍等稱朕云云尾尚饗

祭本命元神

維年月日皇帝遣陰陽官某乙致祭于本命元神稱朕云云尚饗

恩賜近例不録

皇帝還歸西都應岳鎮海瀆名山大川及州府靈迹封

崇神祠祭告

中嶽嵩山中天王　東嶽岱山天齊王兗州界　西嶽華山金天王在華州　北嶽恒山安天王在定州界

南嶽衡山司天王在衡州界

北鎮醫無閭山廣寧公在營州界　西鎮吳山感德公在隴州界　東鎮沂山東安公在沂州界　南鎮會稽山永興公在越州界　東海廣德王在萊州界　西海廣潤王在在中界　南海寧邦王在廣州界　北海廣

澤王在孟州界　東瀆大淮廣潤公在泌州界　西瀆大河靈源公在河府界　北瀆大濟清源公在孟州界　南瀆大江廣源公在廣都府界

右前件一十七處准中書覆狀録到勘同待詔院當院伏見舊例答蕃書并使紙及寶函等事例

新羅渤海書頭云勑某國云王著姓名尾云卿比平安好遣書指不多及使五色金花白背紙次寶函封使印

黠戛斯書使紙并寶函與新羅一般書頭云敕黠戛斯著姓名尾云卿比平安好遣書指不多及使印回體天陸可汗書頭云皇帝舅敬問回鶻天睦可汗外甥尾云想宜知悉時候卿比平安好將相及部族男女兼存問之下同前使印如册可汗即首云勅某王子外甥尾云問族部男女等契丹書頭云勅契丹王阿保機尾云想宜知悉時候卿比平安好下同黠戛斯也舊使黄麻紙平使印自爲朝宣令使五色牋紙并使印及次寶鈿函封自僭稱神號奏事多繁軍幾所賜中書內改例從權院中無樣牂牁頭

書云敕牂牁著姓名尾云想宜知悉時候卿比好否遣書不多及五色牋紙不使印退渾党項蕃使首領書頭云敕與牂牁一般使黃麻紙不使印賜國舅詔著名姓呼卿新例不著姓名諸州刺史書呼汝南詔驃信書頭云皇帝舅敬問驃信外甥尾與回鶻書一般至不多及後具四相銜名書敕一般此一件是故侍詔李郜云僖宗在西川日曾行此書使白紙亦使印

光院例

承旨尚書左丞知制誥陸扆撰詞牓于玉堂貴調金鉉

解視草之煩勞出擁碧幢釋援毫之羈束固人臣之極

致亦翰墨之殊榮至於察風俗於一方掌貨泉於三使

其為盡也抑又次焉各率金錢以光玉署列之如右

將相各三百千　使相五百千

觀察使三百千　度支使二百千

鹽鐵二百千　戶部一百千制下一日送入院充公用

對見儀

大殿對蕃客承旨殿下祝聖德蹈舞訖喚上殿各奏事
如其日中候無訖便出行例如初入上殿更曲謝殿上
並不蹈舞先於殿西北隅立候客省奏某乙等到殿上
云喚客省使遞聲云喚即鞠躬高唱喏趨至庭前立即
拜拜即說承旨致詞又拜拜訖舞蹈舞蹈訖又拜如中
謝便於中立處拜及舞蹈更不歸行小殿中謝並不喚
上便出如賜服色却喚宣了拜且出服訖却入致詞謝
非時詔及樓上祇候並拜了稱聖躬萬福並止不別致

詞五月一日及大殿稱慶賀正至立仗准臺牒外赴班
即立於中書相公之後左省班前自為一班如有使相
後進並同兩省回於中書見宰相慰止使同客人院内應正至五
月一日如不坐並齊入院進名奉賀具銜肯銜其乙等
奉賀五月一日云起居大忌並齊入奉進名奉慰

沿草

大順二年十月宣每進畫詔書别録小字本首留内承
為定武乾寧三年加階爵止於進狀不中謝

舊例宰相及使相官告並使五色背綾金花紙節度使並使白綾金花紙命婦即金花羅紙乾寧二年十月李鋋自黔南節相改授京兆尹兩度認報中書使白紙綾十一月渤海國王大瑋諧勅書院中稱加官合是中書意認報中書乾寧三年承旨牓子凡中書覆狀奉錢物如賜詔徵促但畧言色額其數目不在言但云別從別勅處分中書覆狀如云中書門下行勅其詔語不得與覆狀語同每降制抄小字録一本送樞密院

學士請假

應學士請假七日一度奏經三年即自奏即自進章表陳某乙乾學四年二月十四日冊皇太子出就班賀禮畢又上表賀并上皇太子牋云某等叩頭伏承某伏惟殿下云云謹奉牋陳賀某等叩頭謹牋年月日承旨銜某等上牋封題云某銜某某等上牋

翰苑羣書卷五

翰苑羣書卷六

宋 洪邁 編

重修承旨學士壁記

尚書元稹承旨學士廳記舊題在東廡之右歲月滋久日爍雨潤墻屋罅缺文字昧沒不稱深嚴之地院使郭公王公皆以茂踐精識參掌院事顧是言者吾儕釐務罄盡心力細大之事人謂無遺而茲獨未暇使衆賢名

氏驕不光耀失之不治後誰治之遂占工賦程不日而成峭學手粉繪燿明玉粹雲輕隨顧而生貫列豪英千千萬齡無缺無傾工告休命予紀完葺之美舊記所載令皆不書開成表號之二年五月十四日記學士姓名

此本據院中壁上寫並無大歷天寶學士姓名

開元後八人

呂向中書舍人充供奉出院拜工部侍郎

尹愔諫議大夫充

劉光謙起居舍人充累遷司封郎中

張垍太常卿充

張淑給事中充

張漸中書舍人充

竇華中書舍人充

裴

士淹給事中充知制誥

至德後四人

相董晉秘書省校書郎充　于可封補闕充遷禮部員外郎知制誥除國子司業出院　蘇源明中書舍人充出守本官　潘炎右驍衛兵曹充累遷中書舍人出守本官

寶應後六人

相常袞右補闕充累加工部員外郎知制誥出守本官　柳伉秘書省校書郎充累加太常博士諫諫大夫依前充　張涉靖陵太子廟丞充累遷左散騎常侍依前充敕停　李翰右補闕充　于肅北部員外郎充累遷考功郎中給事中知制誥並依前充　于益

建中後八人

張周大歷十四年六月自洛陽縣尉充建中二年改河
南府兵曹參軍興元二年六月除虢州司馬依前
充　相姜公輔建中元年自左拾遺充四年四月改京
兆府戶曹參軍拜諫議大夫平章事
趙宗儒建中元年自左拾遺充四年加屯田
員外郎依前充十一月出守本官　歸崇敬建中
元年自國子司業充四年遷左散騎常侍貞元七年六
月除檢校戶部尚書兼本官七月遷正工部尚書依前
充八年除兵部尚書致仕　相陸贄建中四年三月自祠部員外郎充
其年十一月轉考功郎中興元二
年六月遷諫議大夫十二月轉中書舍人貞元三年
丁憂六年遷兵部侍郎又加知制誥七年出守本官　吳
通微建中四年自金部郎中充累遷
中書舍人賜紫金魚袋卒官　吳通玄建中四年
自侍御史

充累遷起居舍人諫議大夫賜紫金魚袋顧少連建中四年自水部員外郎充貞元四年二月加知制誥七年遷中書舍人八年四月改戶部侍郎賜紫金魚袋出院

興元後二人

奚陟興元元年自起居郎充病免吉中孚興元元年自司封郎中知制誥充六月改諫議大夫貞元二年遷戶部侍郎出院

貞元後十三人

相韋執誼貞元元年自左拾遺充二月加知制誥賜緋魚袋遷起居舍人丁憂梁肅貞元七年自左補闕充兼皇太子侍讀守本官兼史館修撰韋綬貞元七年自左補闕充十六年十月丁憂

鄭絪貞元八年自司勲員外郎知制誥充五月賜緋魚
袋二十一年二月二十二日遷中書舍人賜紫金
魚袋十二月拜中
書侍郎平章事相
鄭餘慶貞元八年四月二十四日
自庫部員外郎充十三年
五月二十八日遷工
部侍郎知吏部選事
衛次公貞元八年四月二十自左
補闕充二十一年二月二
十二日加司勲員外郎賜緋魚袋三月十七日
知制誥元和三年正月權知中書舍人出院相
李程貞元二十年九月二十七日自監察御史充二十一年
三月十七日加水部員外郎元和元年九月加朝散大
夫賜緋魚袋二年四月二十一日轉司勲員外郎二
年七月二十三日知制誥其年出院授隨州刺史
張聿貞元二十年九月二十七日自秘書省正字充二十
一年三月十七日遷左拾遺元和元年十一月加朝
散大夫賜緋魚袋二
年正月出守本官
李建貞元二十一年正月六日自
侍御史充三月十七日改都

年三月十七日遷左
拾遺改詹事府司直

凌準 貞元二年一年正月六日自
侍御史充三月十七日改都
官員外郎五月九日
出守本官判度支

王叔文 貞元二十一年二月二十
二日自起居舍人充三月
十六日以本官加度支鹽鐵轉運副依前充五月二
十四日遷戶部侍郎餘依前丁憂貶渝州司戶參軍

王伾 貞元二十一年二月二日自
散騎常侍充貶開州司戶

永貞後二人

李吉甫 永貞元年十二月二十四日自考功郎中知
制誥充二十七日遷中書舍人賜紫金魚袋
元和元年十二月加銀青二年正
月二十一日拜中書侍郎平章事

裴垍 永貞元年十
二月二十五
日自考功員外郎充二十七日遷考功郎中知制誥賜
緋魚袋元和元年十一月加朝散大夫賜紫二年四月

二十五日出院
拜户部侍郎

元和後二十四人

相李絳 元和二年四月八日自監察御史充加主客員
外郎四年四月十七日加司勲員外郎知制誥
五月十九日賜緋五月五月五日加勲司郎中依前充
十一月還中書舍人賜紫六年二月二十七日出院拜
户部
侍郎

相崔羣 元和二年十一月六日自左補闕充三年
四月二十八日加庫部員外郎五月五日
加庫部郎中知制誥十二月賜緋七年四月二十九日
還中書舍人九年六月二十六日出院拜禮部侍郎

白居易 元和二年十一月六日自盩厔縣尉充三年四
月二十八日遷左拾遺五年五月五日改京兆
府户曹參軍
依前充丁憂

衛次公 元和三年六月二十五日自權知
兵部侍郎充六年四下二十五日

制誥四年三月出院除太子賓客

錢徽　元和三年八月二十六日自祠部員外郎充六年四下二十五日加本司郎中八年五月九日轉司封郎中知制誥十一月賜緋十年七月二十三日遣中書舍人十一年出守本官

韋弘景　元和四年七月一日自左拾遺集賢院直學士充九日轉左補闕七年二月五日遷司門員外郎八年十月二十日出守本官

獨孤及　元和五年四月一日自右補闕史館修撰改起居郎充九月出守本官

相蕭俛　元和六年四月十二日自右補闕充七年八月五日加司封員外郎九年十一月二十四日加駕部郎中十二月十日加知制誥十二日賜緋

劉從周　元和八年七月二十七日自左補闕充卒

獨孤郁　元和八年十二月二十二日自駕部郎中知制告充病免改秘書少監

徐晦　元和九年七月二十三日自東都留守判官都官員外郎充十年七月二十三日轉司封郎中十二年二

月十一日出守本官

相令狐楚

元和九年七月二十五日自職方員外郎知制誥充十二月十一日賜緋十一月七日轉本司郎中十二年三月遷中書舍人八月四日出守本官

郭求

元和十一年十一月六日自藍田尉史館修撰充八月遷左拾遺十一月八日出守本官

張仲素

元和十一年八月十五日自禮部郎中充十三年正月十二日加司封郎中知制誥二月十八日賜紫十四日三月二十八日遷中書舍人卒官贈禮部侍郎

相段文昌

元和十一年八月十五日自祠部員外郎充十三年正月十二日加本司郎中二月十八日加緋十四年四月加知制誥十五年正月二十三日遷中書舍人閏正月一日賜紫八日拜中書侍郎平章事

沈傳師

元和十一年二月十三日自左補闕史館修撰充十三年正月十三日還司門員外郎二月十八日賜緋十五年正月二十三日加司勳郎中閏正月一日賜紫二十一日加兵部

郎中知制誥長慶元年二月二十四日遷中書舍人二月十九日出守本官判史館事

相杜元穎

元和十二年正月十三日自太常博士充二十日改右補闕二月十八日賜緋十四年三月二十一日加司勳員外郎十五年閏正月一日賜緋二十一日遣中書舍人十一月十七日遷户部侍郎知制誥長慶元年二月十五日以本官拜平章事

李肇

元和十三年七月十六日自監察御史充十四年四月五日遷右補闕九月二十四日賜緋十五年閏正月一日賜紫二十一日加司勳員外郎長慶元年正月十三日出守本官

李德裕

元和十五年閏正月十三日自監察御史充二月一日賜紫二十日加屯田員外郎長慶元年三月二十三日改考功郎中知制誥二年正月二十九日加承旨二月四日還中書舍人十九日改御史中丞出院

相李紳

元和十五年閏正月十三日加右拾遺内供奉充二月一日賜緋二十日遷右補闕長慶

元年三月二十三日加司勳員外郎知制誥二年二月
十九日遷中書舍人承旨二十五日賜紫三月二十七
改中日承出院

庾敬休 元和十五年閏正月十三日自禮部外郎充二月一日賜緋二十一日加左司郎中長慶元年十月二十一日出守本官

相 常處厚 元和十五年二月二十四日自戶部中郎知制誥充侍講學士三月十日賜緋二十二日遷中書舍人長慶二年五月六日賜紫閏十月八日加史館修撰三年十月二十三日權兵部侍郎知制誥依前侍講學士兼史館修撰四年十月二十三日加承旨十月十四日正拜兵部侍郎寶歷二年十二月十七日拜中書侍郎平章事

相 路隋 元和十五年二月二十四日自司勳員外郎史館修撰充侍讀學士三月十日賜緋二十二日轉本司郎中長慶二年五月四日遷諫議大夫閏十月八日加史館修撰四年四月十四日改充學士五月二十四日賜紫二十七日拜中書舍人寶歷二年

正月八日遷兵部侍郎知制誥大和二
年二月二十七日拜中書侍郎平章事柳公權元和十五年三
月二十三日自夏州觀察判官試太常寺右協律郎拜
右拾遺賜緋充侍書學士長慶二年九月改右補闕四
年出守
本官

長慶後七人

相元稹長慶元年二月十六日自祠部郎中知制誥充
仍賜紫十七日拜中書舍人十月遷工部侍郎
出高釴長慶元年十一月八日自起居郎史館修撰充
院二十八日賜緋二年五月三十加兵部郎中三
年十一月十七日遷戶部郎中知制誥四年五月二十
四日賜紫十二月十二日拜中書舍人寶歷二年三月
四日出蔣防長慶元年十一月十六日自右補闕充二
守本官十八日賜緋二年十月九日加司封員外

郎三年三月一日加知制誥四年二月六日貶汀州刺史

韋表微長慶元年二月二日自監察御史充四日賜緋五月三日遷右補闕內供奉三年九月三十日拜庫部員外郎四年五月二十四日賜紫二十七日加知制誥寶歷元年五月二十五日拜中書舍人二年正月遷戶部侍郎知制誥大和二年二月二十八日加承旨三年八月二十日以疾出守本官

龐嚴長慶二年三月二日自左拾遺充四日賜緋十月九日遷左補闕三年三月一日加知制誥十月十四日賜紫十一月九日拜駕部郎中知制誥四年二月六日貶信州刺史

崔郾長慶四年六月七日自給事中侍講學士十二月十一日改中書舍人寶歷二年九月四日出守本官

高重長慶四年六月四日自司門郎中充侍講學士十二月十一月遷諫議大夫寶歷二年正月六日改給事中出守本官

寶歷後二人

王源中 寶歷元年九月二十四日自戶部郎中充十一月二十八日賜紫二年正月二十八日權知中書舍人大和二年二月五日正拜十一月五日遷戶部侍郎知制誥十二月加承旨八年四月出院 相

宗

申錫 寶歷元年九月二十四日自禮部員外郎充侍講學士十一月二十八日賜紫十二月十九日改充學士三年正月八日遷戶部郎中知制誥大和三年六月一日遷中書舍人四年七月七日遷尚書左丞出院

太和後二十人

鄭澣 太和元年四月二十三日自中書舍人充侍講學士二十八日賜紫二年六月一日遷禮部侍郎出院

許康佐 太和元年四月二十三日自中書舍人中駕部郎中充侍講學士其月二十八日賜紫二

年六月一日遷諫議大夫三年八月二十三日改充學士四年八月二十七改中書舍人充侍講學士兼侍講七年七月二十五日改户部侍郎知制誥八年五月八日加承旨九年五月五日改兵部侍郎出院

相李讓夷太和元年十二月二十二日自左拾遺改史館修撰六月二十七日賜緋二年二月五日遷左補闕三年十一月五日加職方員外郎五年九月十六日守本官出院

柳公權太和二年五月二十一日自司封員外郎充侍書學士二十三日賜紫十一月二十一日改庫部郎中五年七月十五日改右司郎中出院

丁公著太和三年五月七日自考功郎中尚書充侍備學士改正户部尚書浙西觀察使

相崔鄲太和三年五月七日自考功郎中充八月十二日加知制誥四年九月十六日拜中書舍人明年以疾陳請出守本官

相鄭覃太和三年九月二十一日自右散騎常侍充侍講學士四年三月三

十日改工部尚書六月十七日出守本官

路羣 太和三年九月二十一日自右諫議大夫充侍講學士四年八月二十七日改充學士五年九月五日改中書舍人七年十二月十七日出守本官

薛廷老 太和四年自御史充五年九月四日改刑部員外郎出院

相李珏 太和五年九月十九日自庫部員外郎知制誥充三月二十三日賜紫二十八日拜中書舍人九年五月六日加承旨十九日遷戶部侍郎知制誥八月五日貶江州刺史

相鄭覃 太和六年三月十四日自工部尚書充侍講學士七年六月十八日改御史大夫出院

相陳夷行 太和七年自吏部員外郎充八月二十三日授制作郎知制誥兼皇太子侍讀八年九月六日賜緋七日遷諫議大夫九年二月十六日罷侍讀開成元年五月二十二日改太常少卿二十九日兼太子侍讀開成元年五月二十三日加承旨六月二十四日遷工部侍郎知制誥八月七日賜紫

二年四月五日出守本官平章事　相

鄭涯太和七年四月八日自左補闕充八年九月七日加司勲員外郎十六日賜緋九年十一月十九日加知制誥十二月十五日守本官出院

高重太和七年十月十二日自國子祭酒充侍講學士九年九月十八日改御史大夫鄂岳觀察使

元晦太和八年八月九日自殿中侍御史充九月十六日賜緋九年八月二十日加庫部員外郎九月十一日出守本官

柳公權太和八年十月十五日自兵部郎中弘文館學士充侍書學士九年九月十二日加知制誥充學士兼侍書開成元年九月二十八日遷中書舍人二年四月改諫議大夫知制誥三年九月十八日遷工部侍郎知制誥加承旨五年三月九日加散騎常侍出院

丁居晦太和九年五月三十日起居舍人集賢院直學士充十月十八日賜緋十九日遷司勲員外郎開成二年九月十一日加司封郎中知制誥三年八月十四日

遷中書舍人十一月十六日拜御史中丞出院

歸融 太和九年八月一日自中書舍人充子年六月五日加承旨八月二十日遷工部侍郎知制誥二十四日賜紫開成元年五月十五日出守本官兼御史中丞出院

黎埴 太和九年十月十二日自右補闕充開成二年二月十一月六日遷中書舍人五年二月一日賜誥其年十二月十八日賜緋其月二十一日加兵部郎中四年十一月六日遷中書舍人五年二月一日賜紫三月十六日拜御史中丞出院

袁郁 太和九年十二月二十七日自禮部員外郎集賢院直學士充開成元年正月十四日轉庫部員外郎二年三月十一日丁憂

開成後十四人

柳璟 開成二年七月十九日自庫部員外郎知制誥充三年四月十四日加駕部郎中知制誥二月九日

遷中書舍人五年十月改禮部侍郎出院相周墀開成二年十二月二十五日自考功員外郎知制誥
充三年十一月十六日加職方郎中四年九月十二日賜緋三月十三日改工部侍郎知制誥六月十日守本
官出院相王起開成元年五月五日自工部尚書判太常卿事充皇太子侍讀充侍講學士依前判
太常卿事充四年三月十二日授太子少師兼兵部尚書四月二十賜給少師俸料五年正月七日加金紫光
祿大夫守本官出院高元裕開成三年五月五日自諫議大夫充侍講學士八月十日出守本官兼光
祿大夫裴素開成三年十二月十六日自司封員外郎兼起居郎史館修撰充四年七月十三日加知
制誥五年二月二日賜緋六月遷中書舍人一月加承旨賜紫十七日卒官贈戶部侍郎丁居晦開成
四年閏正月自御史中丞改中書舍人五年二月二十賜紫其年三月十三日遷戶部侍郎知制誥其月二十

三日卒官贈
吏部侍郎
高少逸 開成四年閏正月十一日自左司 郎中充侍講學士其年八月一日
遷諫議大夫五月正月二
十七日賜紫守本官出院
李褒 開成五年三月二十日 自考功員外郎集賢院
直學士充其年六月轉庫部郎中知制誥十二月十二
日賜緋會昌元年五月拜中書舍人十二月加承旨六
日賜紫二年五月
十九日出守本官
周敬復 開成五年三月三十日自兵 部員外郎知制誥充十二月
十一日賜緋會昌元年二月十三日轉職方郎中
知制誥中書舍人二年九月十八日守本官出院
相 鄭
郎 開成五年四月十九日自諫議大夫充侍講學士 其年五月四日賜緋十一月二十九日出守本官
李
詰 開成五年四月十九日自司封員外郎充侍講學士 其年四月賜緋會昌元年二月九日出守本官
李
訥 開成五年七月五日自左補闕充會昌二年四月十 六日遷職方員外郎十一月二十一日賜緋三年四

月守開成五年七月五日自司勳員外郎充會
本官相崔鉉昌二年正月十二日加司封郎中知制誥
其年九月二十七日加承旨賜紫十一月二十九日
遷中書舍人三年五月十四日拜中書侍郎平章事敬
皞開成五年十一月十六日自兵部員外史
館修撰充會昌二年八月六日出守本官

會昌後八人

相韋琮會昌二年二月十五日自起居舍人史館修撰
充其年十月十七日加司勳員外郎三年五月
二十九日轉兵部員外知制誥四年四月十五日
日轉兵部郎中九月四日拜中書舍人並依前充魏扶
會昌二年八月八日自起居郎充三年四月二十五日
賜緋五月二十九日加制誥四年四月十五日轉之功
功郎中九月四日拜相白敏中會昌二年九月十三日
中書舍人並依前充自右司員外郎充其月

十五日改兵部員外郎十一月二十九日知加制誥三年五月二十九日轉職方郎中十二月七加加承旨賜紫四年四月十五日拜中書舍人九月

封敖 會昌二年十二月一四日遷戶部侍郎知制誥並依前充

日自左司員外郎兼侍御史知雜事充其月三日改駕部員外郎三年五月二十五日加知制誥四年四月十五遷中書舍人九月四遷工部侍郎知制誥日之日前充五年五年三月十八日三表陳乞蒙恩出守官 相

徐商 會昌三年六月一日自禮部員外郎充八月七日加禮部郎中知制誥其年九月四日遷兵部郎中並依前充

孫穀 會昌三年九月二十八日自左拾遺充四年九月十日遷起居郎依前充六年二月二十三日加兵部員外郎其年四月十五日浴殿賜緋其十七日守本官知制誥六月十日遷兵部郎中大中元年十二月七日加承旨思政殿賜紫其月二十六日拜中書舍人二年七月六日特恩遷戶部侍郎知制

誥並依前充其年十二月二十四日除南河尹兼御史大夫

相

劉瑑 會昌六年六月二日自殿中侍御史充七月九日殿賜緋大中元年閏二三月十二日加職方員外郎十一月二十七日加知制誥二年七月六日特恩加司封郎中三六月十四日拜中書書舍人十二月二十七日三殿賜紫並依前充四年十一月二十八日守本官兼御史中丞充西討伐党項行營諸寨宣慰使依前充五年五月守本官出院

裴諗 會昌六年六月二日自考功員外郎充八月十九日加司封郎中大中元年二月三十日加制誥二年七月二十日三殿賜紫其月六日特恩加工部侍郎知制誥十二月二十六日加承旨並依前充三年五月二十三日守本官出院

大中後二十九人

相**蕭鄴**大中元年二月二十六日自監察御史裏行充十一月二十一日遷右補闕十二月二十七日三殿賜緋二年七月六日特恩遷兵部員外郎十一月十三日加知制誥並依前充二年九月十四日責授衛州刺史**宇文臨**大中元年閏三月七自禮部員日外郎充其年四月守本官出院**沈詢**大中元年五月十二日自右拾遺集賢院學士充二年正月二十思政殿召對賜緋其年七月六日特恩遷起居郎並依前充十月二十日守本官知制誥出院**宇文臨**大中元年十二月八日自禮部郎中充其月二十八日加知制誥二年正月二日思政殿召對賜緋其年六月七日特恩遷中書舍人並依前充三年九月十四日責授復州刺史相**令狐綯**大中二年二月十日自考功郎中知制誥充三年二月二十一日特恩拜中書舍人依前充其年五月一日遷御史中丞賜紫出院**鄭顥**太中三年二月二十自起居郎充其

年四月十日加制誥閏十一月四日特恩遷右諫議大
夫知制誥四年十月七日拜中書舍人依前充五年
八月二日授左庶子出院

鄭處誨

大中三年五月二十日自監察御史裏行充七月十八日遷屯田員外郎依前充閏十一月九日三殿召對賜緋四年八月五日守本官出院

相崔慎由

大中三年六月八月自職方郎中知制誥充九月六日拜中書舍人依前充十二月九日守本官出院

相令狐綯

大中三年九月十六日自御史中丞充前旨其月二十三日權知兵部侍郎知制誥依前充四年十一月三十守本官同中書門下平章事

鄭薰

大中三年九月十八日自考功郎中充閏十一月二十七日特恩加知制誥四年七月七日拜中書舍人並依前充十三日守本官出院

相畢諴

大中四年二月十三日自職方郎中兼侍御史知雜事充六年正月七日三殿召對賜紫其年七月七日授權知刑部侍郎出院

蕭寘大中四年七月二十四日自兵部員外郎充十月七日加知制誥五年三月十四日加駕部郎中六年五月十九日拜中書舍人七年十月十二日殿三召對賜紫八年五月十九日遷戶部侍郎知制誥並依前充九年二月十七日加承旨十年八月四日授檢校工部尚書浙西觀察使

蘇滌大中四年十二月二十四日自右丞入其月十八日加知制誥五年六月五日遷兵部侍郎知制誥並依前六年六月九日上表之病免其年十一月守本官出院

相蕭鄴大中五年正月二十八日自考功郎中充二月一日加知制誥七月十四日遷中書舍人六年正月七日三殿召對賜紫七月二十七日加承旨七年六月十二日遷戶部侍郎知制誥並依前充八年十二月十八日守本官判戶部出院

常澳大中五年七月二十日自庫郎部中知制誥充六年五月十九日遷中書舍人八年五月十九日遷工部侍郎知制誥並前充七月二十三殿之召

對賜紫十年五月二十五日授京兆尹

相曹確大中五年八月十一日自起居郎充十月十六日三殿召對賜緋六年五月十九日加兵部員外郎七年四月十一日加知制誥八年五月十九日加庫部郎中九月閏四月六日拜中書舍人依前充十年五月十三日三殿召對賜紫十一年八月二十一日授河南尹出院

庾道蔚大中六年七月十五日自起舍人充其年十月二月二十九日三殿召對賜緋七年九月十九日加賜封員外郎九年八月十三日加駕部郎中知制誥並依前充十年正月十四日守本官出院尋除連州刺史

李渟儒大中六年七月十五日自禮部員外郎充七年十二月五日加禮部郎中知制誥九年十月十二日拜中書舍人依前充十年十月十六日三殿召對賜紫十一年正月五日守本官出院

孔温裕大中九年二月二十九日自禮部員外郎集賢院直學士充其年三月三日加司封員外郎知制誥九年十

年正月十八日遷中書舍人其年八月三十日除河南尹出院

于德孫 大中十年正月三十日自職方員外郎知制誥充其年十一月二十八日三殿召對賜紫十年四月十五日加駕部郎中充十二年閏二月之遷中書舍人並依前充其年十月十四日加朝請大夫充十三年四月二十九日授御史中丞出院

皇甫珪 大中十年六月五日自吏部員外郎充其年七日改司封郎中十一年正月十一日三殿召對賜緋其年十月二日加司封郎中知制誥十二年八月十二日拜中書舍人依前充十三年八月二十六日賜紫其年八月二十九日加朝請大夫其年十一月遷工部侍郎知制誥依前充十四年十月改授同州刺史 相

蔣伸 大中十一年八月二十六日自權知戶部侍郎充九月二十拜戶部侍郎知制誥十月二十加承旨十一年十二月二十九日轉兵部侍郎知制誥依前充十二年五月十三日守本官判戶部出院十二月二十

九日守本官同中書門下平章事

苗恪大中十一年正月十五日自庫部郎中充四月十五日加知制誥十二年閏二月十三日遷中書舍人並依前充十三年八月二十六日賜紫二十九日加朝請大夫兼戶部侍郎知制誥十二月十三日加承旨十四年十一月八日改檢校工部尚書山南西道節度使兼御史大夫

楊知温大中十一月九月八日自禮部郎中充十二月十九日加知制誥十二年五月十二日三殿召對賜緋十一日拜中書舍人依前充十三年九月十三日召對賜紫十四年十月拜工部侍郎知制誥依之

前

嚴祁大中十二年五月二十一日自左補闕內供奉充九月十二日加駕部員外郎十三年七月八日加知制誥八月二十九日加新野縣開國男食邑三百戶十四年六月十三日改庫部郎中餘如故咸通二年四月改中書舍人出院

相杜審權大中十二年自刑部侍郎充其月二十八日轉戶部侍郎知制

誥承旨十三年八月二十九日加通議大夫兵部侍郎知制誥依前充承旨其年十二月三日守本官同平章事

相高璩 大中十三年四月二十三日自右拾遺内供奉充其年九月三十召對賜緋十一月三日特恩遷起居郎知制誥依前充十四年十月六日特恩拜右諫議大夫依充二十六日召對賜紫咸通二年十七月十九日加承旨八月七日遷工部侍郎依前充三年二月二十日特恩加朝散大夫兵侍郎郎依前充八月十九加檢校禮禮部尚書西川節度使

李貺 大中十二年十二月二十四日自觀知右拾遺内供奉充十四年五月十二日對召賜紫加右補闕十月二十六日召對賜紫咸通二年三月十一日加左補闕依前充三年二月二十日加職方員外郎知制誥充九月十四日遷起居舍人

劉劉鄴 大中十四年十月十二日自左拾遺充其月二十六日召對賜緋咸通二年九月二十七日遷起居舍人依前充三年二月二十一

日加兵部員外郎知制誥依前充七月二十九日召對賜紫十一月八日遷中書舍人充五年九月五日遷户部侍郎依前充知制誥十一年十一月二十二日加承旨十二月二十三日守本官出院充諸道鹽鐵等使

咸通後三十二人

張道符 咸通元年十一月二十五日自户部郎中賜緋充二年二月六日加賜封郎中知制誥依前充四月二十一日卒官至五月二日贈中書舍人仍賜贈布絹三百疋之

楊收 咸通二年四月十八日自吏部員外郎充其月二十一日加庫部郎中依前充七月八日加知制誥十月十六日三殿召對賜紫三年二月二十日特恩遷中書舍人充九月二十三日加承旨其月二十六日還兵部侍郎充兼知制誥四年五月七日以本官同中書門下平章事相

路巖 咸通二年五月二十八日自屯田員外郎入十一月二十

八日三殿召對賜緋三年二月二十一日加屯田郎中知制誥充四年正月九日遷中書舍人充五月九日賜紫十六日加承旨九月十八日遷戶部侍郎知制誥充五年九月二十六日遷兵部侍郎知制誥充十一月十九日以本官同中書門下平章事

趙騭

咸通二年八月六日自右拾遺充十一月二十六日三殿召對賜緋三年二月二十日遷起居舍人充四年八月七日改兵部員外郎特恩知制誥五年正月十七日三殿召對賜紫七月八日加駕部郎中知制誥依前充九月十七日加朝散大夫戶部侍郎依前充其月三十日改禮部侍郎出院

劉允章

咸通三年九月二十七日自起居郎入其年十一月二十七日三殿召對賜緋四年三月二十日授歙州刺史

相獨孤霖

咸通三年九月二十七日自右補闕賜緋入四年閏六月十九日特恩加司勳員外郎充十二月二十一日加知制誥五年五月九日三殿召對賜紫七月八日加庫部

郎中知制誥依前充六年六月五日遷中書舍人依前充九月十七日加朝散大夫工部侍郎依前充七年三月十七日三殿召對面宣充承旨八年正月二十七日改户部侍郎知制誥依前充十一月四日遷兵部侍郎知制誥依前充十年九月八日守本官判户部出院

李瓚 咸通四年四月七日自荆南節度判官檢校禮部員外郎賜緋充其月十日遷右補闕内供奉充九月十八日加駕部員外郎充十二月二十八日加知制誥五年六月一日改權知中書舍人出院

相 于琮 咸通四年六月七日自水部郎中賜緋入八月七日知庫部中知制誥充五年七月八日遷中書舍人充九月二十七日改刑部侍郎出院

侯備 咸通五年六月五日自吏部員外郎賜紫充其月八日加司勲郎中充九月五日加知制誥十二月二十六日加承旨六年二月二十三日遷中書舍人依前充五月二十五日遷户部侍郎依前知制誥充九月十七日加朝散大夫

兵部侍郎知制誥充七年三月九日授河南尹出院

裴璩 咸通五年六月六日自兵部員外入六六年正月九日加戶部郎中知制誥充五月九日三殿召對賜紫九月十七日加朝散大夫中書舍人充八年正月二十七日遷水部侍郎知制誥依前充其年九月二十三日除同州刺史

劉允章 咸通五年十一月二十七日自倉部員外郎守本官再入六年正月九日加戶部郎中知制誥五月九日三殿召對賜紫八年十一月四日遷工部侍郎知制誥依前充其年十一月十六日改禮部侍郎出院

鄭言 咸通六年正月十日自駕部員外郎入四月十日加禮部郎中知制誥依前充其月十九日中謝賜紫八年十一月四日遷工部侍郎知制誥並依前充九年六月十八日守戶部侍郎出院

相劉瞻 咸通六年十月八日自太常博士入其月二十六日加工部員外郎依前充七年三月九日授太原少尹出院

李騭 咸通七年三月二十四日

自太常少卿弘文館直學士入二十七日加知制誥七月遷中書舍人十月二十五日三殿召對賜紫九年五月十六日除江西觀察使

盧深 咸通七年三月三十日自起居郎入七月一日加兵部員外郎充十月二十五日三殿召對賜緋八年正月二十四日加知制誥其年八月八日召對賜紫十一月十一日加户部郎中知制誥依前充九年十月二十六日拜中書舍人依前充十年十一月十一日遷户部侍郎依前知制誥其年十二月卒官贈户部尚書

崔珮 咸通八年十月二十三日自監察御史入三十五年守本官充九年正月二十一日賜緋七月二十一日加工部員外郎依前充十二月七日賜紫十年三月十三日改考功郎中出院

相**劉瞻** 咸通八年十一月二十二日自潁州刺史不赴日改户部郎中充八月十一日守本官知制月二十六日拜中書舍人依前充九月十二日遷户部侍郎知制誥承旨十年十七日以本官同中書門下平

章事

相鄭畋

咸通九年五月二十日自萬年令入二十四日畋戶部郎中充八月十一日守本官制制誥依前充十年六月四日遷中書舍人依前允其年十一月十一日遷戶部侍郎十一年四月二十六日加承旨九月二十七日授桐州刺史

張裼

咸通九年六月十三日自刑部員外郎入十五日加祠部郎中充九月十七日知制誥依前充十月十六日召對賜紫十年七月十日遷中書舍人依前充其年十一月遷兵部侍郎知依前充十月二日加承旨十一年正月二十六日遷戶部侍郎知制誥依前充十一月十八日遷兵部侍郎知制誥依前充十三年五月十二日貶封州司馬

崔充

咸通九年十七日自考功員外郎入守本官充十月十六日召賜緋閏十二月二日三殿召對賜紫十月五月二十五日加庫部郎中知制誥依前充十一月十一日遷中書舍人依前充十二年正月二十六日遷戶部侍郎知制依前充十三年六月十日宣充充承旨九

月二十八日加檢校工部尚書東川節度使

桐韋保衡咸通十年三月十三日自起居郎駙馬都尉入守左諫議大夫知制誥充承旨其年十一月十日遷兵部侍郎依前充十一月四月二十五日以本官同中書門下平章事

韋蟾咸通十年六月四日自職方郎中充九月七日加戶部郎中知制誥十一月十一日遷中書舍人依前充十二月二十八日三殿召對賜紫十二年正月二十六日遷工部侍郎知制誥依前充十三年十月十五日加承旨十一月十五日改御史中丞兼刑部侍郎出院

杜裔休咸通十一年正月十八日自起居郎入守本官充五月二十七日三殿召對賜紫九月十一日加司勳員外郎知制誥依前充十三年二月九日守本官出院

鄭延休咸通十一年五月十八日自司封郎中知制誥遷中書舍人充十二年正月二十八日三殿召對賜紫十一月十八日遷工部侍郎知制誥依前充十三年正月四日宣充承

旨七日遷兵部侍郎依前充十四年八月二十二日加
金紫光禄大夫尚書左丞知制誥依前充十五年正月
十三日除檢校禮部尚書充河陽三城節度使

薛調 咸通十一年十月十七日自户部員外郎加駕部郎中充十二年正月二十六日加知制誥依前充十三年二月二十六日卒官三月十一日贈户部侍郎

常保乂 咸通十二年二月十三日自户部員外郎入守本官充三月十六日特恩賜紫五月十日加户部郎中知制誥依前充十四年十月貶賓州司户

劉承雍 咸通十四年十月貶涪州司户

崔璆

李溥

相豆盧瑑

崔湜 咸通十四年十一月二十三日自殿中侍御史改司封員外郎

相盧攜 咸通十四年十二月左諫議議大夫充承旨學士十五年拜相

翰苑羣書卷六

欽定四庫全書

翰苑羣書卷七

宋　洪邁　編

禁林讌會集

御書飛白玉堂之署四字頒賜禁苑令懸掛已

畢輒述惡詩一章用歌盛事

右僕射平章事監修國史李昉

玉堂四字重千金宸翰親揮賜禁林地望轉從今日貴

君恩無似此時深宴回上苑花初發麻就中宵月未沉衣惹御香拖瑞錦筆宣皇澤灑春霖院門不許閒人入承旨學士擧舊事置鈴索於院門閑人不許輒入仙境寧教外事侵我直承明踰二紀臨川實動羨魚心

昉頃在禁林前後出處凡二十有五載不違令日之盛事者有七新學士謝恩日賜襲衣金帶寶鞍名馬一也十月朔改賜新樣錦袍二也特定草麻例物三也改賜內庫法酒四也月俸並給見錢五也

特給親事官隨從六也新學士謝恩後就院賜敕設雖為舊事而無此事供張之盛七也凡此七事並前例特出異恩有以見聖君待文臣之優厚也臨川之羡其在茲手御書飛白玉堂之署三體宸章併宣禁苑覩茲盛事輒動斐然

尚書吏部侍郎同中書門下平章事張齊賢

寵深仙署降新牌御筆親題重俊才四字千齡懸日月兩篇三體琢瓊瑰登科郡桂皆同樹入室丘門盡仰回

余與承旨學士皆御前科選而學士最受聖恩顧遇則前後門生俱深榮羨故有是也寓直靜封芝檢去密宣榮對玉泉來職清望峻人稀見地貴扃嚴畫罕開多幸謬持黃閣柄煙霄時得遂遊陪

伏覩禁林盛事謹賦一章

給事中叅知政事賈黃中上

璇題飛白御毫新三體瓊章妙入神特賜禁林為盛事只緣明主重名臣青編輝映輕前古丹地深嚴隔世塵金籙禎祥非是寶玉堂名號此方真玉堂之名從來未著格令今蒙聖君

親書玉堂之署四字為千古不朽之事自此名始真矣恩榮誰比烟霄客文彩長懸日月輪為報鼇宮主人道蓬萊全勝昔時春黄中以近離内署故不覺有此健羡之句

伏覩禁林新成盛事輒思歌詠不避荒蕪

給事中叅知政事李沆上

禁庭多士列華簪嚴樂輝光冠古今御筆騰驤題玉署宸章照耀詠辭林虛堂桂後傳千載翠琰刋成直萬金振復文明知聖作尊崇儒術見天心增修一院煙霞麗

曲宴羣英雨露深自我昌朝為盛事鼇山高峻重難尋
伏蒙承旨學士特賜寵招憖非嘉客陪列仙於
丹地覩盛事於玉堂御題禁署之名勢如飛動
聖制大風之作鏗若宮商一時併耀於蓬瀛三
體互盛於真草昔太宗之優待學士日預論思
明皇之寵尚集賢時聞臨幸以今况昔異代同
榮至謬㒰冢卿獲司中祕喻牛心而不稱陪麈
尾以何堪空銜樂聖之盃且乏娛賔之賦嗟歎不

足吏歌取興雖勞燥吻之寘揆終類鞶轅之陋

唱仰塵高鑒聊抒下情

吏部侍郎兼秘書監李至上

昔陪羣彥在鼇山今日重來赴玳筵纔向玉堂觀聖孔

又離瑤席覩宸篇二南絕唱人驚駭三體神蹤鳳析旋

坐久庭柯移午影飲酣宮吹遞香煙吟求視草牋分寫

醉假通中枕暫眠俗客不知仙禁近高歌共樂太平年

禁林讌會之什

學士承旨中書舍人蘇易簡上

雨晴禁署絶纎塵讌會名賢四海聞供職盡居清顯地崇儒同感聖明君翩然飛白璇題字煥若丹青翠琰文梓澤笙歌誠外物蘭亭詩酒不同羣少年已作瀛洲老他日終棲太華雲莫怪坐間全不飲心中和氣自醺醺

學士左諫議大夫知制誥韓丕上

鼇宫明麗倚春寒讌會羣仙喜縱觀聖作照臨新日月御書飛動集龍鸞綺談雅似聞天樂瓊液香勝飲露盤

坐久香同玄圃外吟餘飄若碧雲端演綸視草微才怯
錫號濡毫霈澤寬因想前賢倍知幸多云遭值太平難

學士考功員外郎知制誥畢士安上

好文英主古難齊寵重辭臣意匆低脣藻清新刋翠琰
神蹤飛動在璇題芸籖許效蓬萊閣花檻容模罨畫溪
樂聖朋儕開綺席愛君誠抱挂金閨買臣晚遇知多幸
太子端憂思轉稽天地恩私無以報只將兢慎對芝泥

司封郎中知制誥柴成務上

内署延賓宴玉堂紫闥深啓會琳琅雲霖寶額題宸翰
金錯瑶編勒御車盤薦異羞羅翠盞傾醇醴湛清光之
柳當朱檻春先到日過花塼影漸長吟客畫容窺綺閣
棲禽應許托雕梁歡榮共樂文明代惟願登歌頌聖王

起居舍人知制誥吕祐之上

高會蓬瀛振德音崇賢同慶湛恩深瑞融雲露飛宸翰
榮下煙霄飾禁林鳳藻瓌奇清繫石龍文模琢麗雕金
辭臣喜適逢時願眷殊敦好士心華照北門張組繡

祕逾東序敵球琳玉堂宴罷尤知幸御牓天章豈易尋

右正言知制誥若水上

一夜春風滿帝都禁林清曉宴簪裾玉堂乍到驚凡目金鏁徐開見御書（承旨學士巖以扃鐍鏁御書於玉堂之上）四字驪龍爭夭矯兩篇瓊樹鬬扶踈詞臣此會人應羨聖主多才古不如日上花塼薫捲後柳遮鈴索雨晴初閣前吟罷先沉醉忘却西垣有直廬

右正言知制誥王旦上

喜綴真仙讌禁林玉堂新事好供吟天章刻石輿風雅
宸翰書牌耀古今勢逸奪迴龍鳳跡調高流入管絃音
光凝玉斝瓊漿潤洽布花塼藥樹陰地貴每朝金殿近
景清如到玉壺深得陪嘉會榮觀大慶放賡歌樂聖心

左諫議大夫史館修撰楊徽之上

星移歳律應青陽得奉羣英宴玉堂龍鳳雙飛觀御札
雲霞五色詠天章禁林漸覺清風暖仙界元知白日長
詔出芝泥封去潤朝迴蓮燭賜來香二篇稱奬恩尤重

萬國傳聞道更光何幸微才逢盛事願於史冊紀餘芳

右司諫史館修撰梁周翰上

寶書驚絕耀天章飛白親題賜玉堂瑞彩上騰流素月朗河下注映丹牆鶴盤吳嶼雙翎健鵲顧雕陵巨翼長遊霧半收懸組練輕雲斜拂駐鸞凰墨池併獲三奇寶翠琰俱生五色光陪醼禁林知有幸叩頭遙祝萬年觴

倉部員外郎直祕閣潘慎修上

紅藥深嚴肅廣筵嘉招仍許廁羣仙忽窺宸翰雲龍動

下揭天辭日月懸敬作楷模爭寶惜永刊金石共流傳
况當杖馬從容地仍集班揚侍從賢敢竊休明為盛觀
願陳風詠播薫絃不辭勝引承歡醉長洽升平億萬年

翰林侍讀左正言吕文仲上

青葱温樹非慶境鼇岫金鑾近日邊石壁天章垂雨露
璇題宸翰動震煙西垣賈馬徽辭客東觀蓬瀛集列仙
譙喜酡顔飛玉斝鏗鏘奮藻劈花箋唐虞盛花高千古
葵藿傾心祝萬年自顧薄才誠有愧不知何以奉羣賢

翰林侍書行殿中侍御史王著上

文明天子重詞臣聖製褒揚日月新宸翰特頒仙署額

皇風先發玉堂春虬龍逸勢誠難伏鸞鶴迴翔信得真

齊武任誇非入妙漢章雖巧未通神匪唯銜耀鼇宮客

兼是輝華鳳閣人幸接英儒同讃詠輒書狂斐繼清塵

翰苑羣書卷七

翰苑羣書卷八

宋 洪遵 編

續翰林志上

李肇述翰林志禁庭之事詳矣至其引宋昌之言曰所言公則公言之所言私則王者無私之說言翰林制置任用非王者之私識者以為知言自唐氏之制駕在大内則於明福門置院駕在興慶宮則於金明門内置院

德宗時移院於金鑾坡上迒咸鎬為墟以梁苑為東都令二京學士院之制並在樞密宣徽院之北蓋表其深嚴宥密焉其學士立班常朝暨聖節行香并大忌進名並隨樞密使坐次及行幸大宴在叅知政事之後從北為首每三元張燈及賜酺上御乾元樓臨軒觀樂憑欄設次坐在上將軍之上郊祀籍田青城之内設幕次於殿門東偏别設氊廬以為寢所蓋備密命焉元稹翰林承旨學士記曰舊制學士無得以承旨為名者應對顧

問參會班第以官為上下憲宗以永貞元年即大位始
命鄭絪為承旨學士位在諸學士上居位在東第一閤
乘輿奉郊廟輒得乘廐馬自浴殿由內朝以從揭雞竿
布大澤得升丹鳳之西南隅外賓客進見於麟德則上
直禁中以俟凡大詔令大廢置丞相之密畫內外之密
奏上之所甚注意者莫不專對他無得而比也
後唐天成三年八月敕掌綸之任擢才以居或自初命
而升或自顯秩而授蓋重厥職靡繫其官雖事分皆同

而行綴或異誠由往日未有定規議官位則上下不常論職次則後先為敘宜行顯命當正近班令後翰林學士入並以先後為定惟承旨一員出自朕意不計官資先後並在學士之上仍編入翰林志旋召張昭遠下一字與漢祖御名同後只名昭入院以其早踐綸闈久司史筆曾居憲府累陟貳卿今既擢在禁林所宜別宣班序其立位宜次崔棁夫禁庭之職儒者之至榮外望之所忌豈居是職者專列人之短於君父之前邪則為恭顯靳費之流耳

奚為服儒服而食天祿乎唐陸贄抗疏論吳通元弟兄云學士是天子私人侵敗紀綱宰臣有備位之號不知贄於是時所為何如哉貞元中時人謂學士為内相亦忌其親密也

晉天福六年五月詔曰六典云中書舍人掌侍奉進奏參議表章凡詔旨制敕璽書策命皆案故事起草進畫既下則署而行之其禁有四一曰漏洩二曰稽緩三曰違失四曰忘誤所以重王命也古昔以來典實斯在爰

從近代別創新名令運屬興王事從師古俾仍舊貫以
耀前規其翰林學士院公事並歸中書舍人從宰臣馮
道之奏也自是舍人晝直者當中書制夜直者當内制
至開運元年六月復有詔曰翰林學士與中書舍人分
為兩制各置六員偶自近年權停内署況司詔命必在
深嚴將使從宜却令仍舊宜復置學士院蓋宰臣桑維
翰秉政將戻於道故乃復焉自此班秩再有倫矣
後唐長興元年二月翰林學士劉昫奏臣伏見本院舊

例學士入院除中書舍人即不試其餘官資皆須先試
麻制答蕃書批答各一道詩賦各一首號曰五題所試
並是當日內了便具進呈從前雖有召試之名而無考
校之實每值召試新學士日或有援者皆豫出五題暗
令宿構至時但寫淨本便取職名若無援者即臨時特
出五題旋令起草縱饒負藝罕能成功去留皆繫於梯
媒得失盡由於偏黨此乃抑挫孤寒之道開張巧僞之
門積弊相沿澆風未改將裨聖政須立新規況令伏值

皇帝陛下德合乾坤明懸日月大興淳化盡革澆風矧
惟翰墨之司專掌絲綸之命宜從正直務絶阿私自今
後凡有本院召試新學士欲請權停詩賦只試麻制答
蕃書并批答共三道仍請内賜題目兼定字數付本院
名試然後考其臧否定其取舍貴從務實以示均平庶
令孤進者得展勤勞朋比者不能欺罔事關穩便合貢
芻蕘從之
凡倸直之數上自諸行尚書三十五直下至白身一百

四十直必須圓融其直先五直舊學士一點次三直一點又次二直一點此三等隨日多少令其均匀永為定式晉開運中楊昭儉直編閣酌其從來儤直之數等第除減條為定式申中書門下仍刻石在壁貟外郎入舊八十直改為五十直郎中入舊六十直令改為四十直他官入舊一百直改為八十直自員外郎知制誥轉正郎仍舊六十直改為三十直正拜舍人舊四十直令為二十直自常侍諫議給事拜舍人舊四十直改為二十直應舊官再入約前任減半令附乎此貴存舊章其內制儤直及吉凶疾病諸假則例自具翰林舊規學士起復之制周朝已前未聞其例周世宗時故內翰王公著令撰相李公昉俱遭內艱屬世宗北伐並起復隨駕書詔繁委之際即不遑敘合儤直與不儤直迄皇朝端拱

元年閏五月易簡遭家艱奉詔抑奪遂與翰林以下商議依鳳閣壁記體例同舊官再入約計前直半減是時復偒直二至皇朝令揆李相公獨直禁林奉旨令每雙十五直矣

日夜直隻日下直可以永為通式也四禁之中漏洩為最故草制之夕遲明必闔院門之雙扉當制學士坐於玉堂上止吏人之出入者俟宣制訖方啓户焉文翰之職優待之異者後唐同光中賜承旨學士盧質論思翊佐功臣旋授節制河中馮瀛王送之詩云視草北梁開來唐學士擁麾西去漢將軍時人榮之

平中以前進士鄭致雍為學士晉開運中賜本院書詔

金印一面周顯德中以向來學士與常參官五日一度起居世宗欲令朝夕接見訪以時事乃下詔曰翰林學士職係禁庭地居親近與班行而既異在朝請以宜殊起令後當直下直學士並宜令逐日起居其當直學士仍赴晚朝舊制每命將出師勞還曲宴於便殿則當直學士一人與文明密直得預坐令揆相李公故尚書扈公早在禁林曾預斯宴後為閤門使梁迥輕鄙儒士啓上太祖罷之至皇朝太祖英武聖文神德皇帝因致酒於紫雲樓下命兩制侍宴懽甚因命中書舍

人來晨宜綴内制起居令為通式仍各賜書千卷以備檢閲舊體每遊醼止學士得赴召暨皇上留心儒墨旋賞文翰時綸閣之士始召赴曲宴或令和御詩舍人從遊宴自此始也厥後立春鏤銀飾彩旛勝之物亦及之太平興國八年召閣下舍人李公穆宋公白賈公黄中呂公蒙正李公至入院時承旨扈公蒙贈詩賀之有五鳳齊飛入禁林之句為一時之盛事其或觀稼於南薰門賞花於含芳園春晝嚴蹕百司景從幸國西之金明

池下雕輦登龍舟都人駕肩百樂具舉憩瓊林苑由複道御層樓臨軒置酒以閱繁盛兩制必侍從焉至上林春融千花萬卉妍麗冠絶上必曲宴宰衡勲舊召兩制詞臣俯龍池垂金鈎舉觴賦詩終日而罷上嘗謂宰執近臣曰詞臣實神仙之職也翊日凡所進詩悉御毫屬和以賜焉

雍熙三年十月敕曰兩制詞臣公朝精選典司綸誥親近冕旒宜於俸禄之間特示優異起今後兩制俸料並

以見緡充

上聽政之暇搜訪鍾王之迹以資閲翫焉御毫飛動神機妙思出其軌制乃名書學之有格性者置於便殿躬自省閲仍授以筆法既覩其有成各賜以章服象笏令入院充待詔者八人自是書詔四字出寰海之内咸識禁中之墨妙焉

舊體學士凡名入院止賜白成釘都了反口銀鞍勒馬暨令上即位優待特異賜金鍍銀閙裝鞍勒馬對衣荔枝

金帶郊禋禮畢賜對衣金帶或牯犀帶金魚副之朝士自唐末久闕佩魚者迄今方復之十月朔舊賜對衣紅錦袍上特以細花熟錦袍代之淳化三年冬代以細花盤鵰錦袍其制下丞相一等自是遠方之珍果天府之法釀龍鳳之茗蒳伏臘之餅餌以時而賜悉加等焉

玉堂東西壁延袤數丈悉畫水以布風濤浩渺擬瀛洲之象也待詔董羽之筆脩篁皓鶴悉圖廊廡奇花異木羅植軒砌每外喧已寂內務不至風傳禁漏月色滿庭真人世

之仙境也

續翰林志下

學士拜命先閤門受制書於常朝殿門之堦上舊體召入院後差中使賜拜伏跪受訖於便殿對敭陳述寵用遭值之由謂之告謝上必從容賜坐錫以茶藥而退選日謝恩前一日待詔一人就宅宣召預於庭設裀褥堂設酒醴待詔稱有敕望皇居拜伏聽命其詞皆獎飾嚴召之意於本院舊學士處請本又舞蹈訖升堂飲饌以謝恩奏狀拜伏跪受之

來日待詔迎於待漏院與新學士偕行引至閤門而退閤門舍人始引入中謝賜對衣金帶金塗鞍勒馬近例就院轉官惟承旨則賜所物勑設如初拜之禮餘不得比矣入本院上事宣徽院告報勑設儀鸞宿陳帟幕太官備珍饌設上尊酒茗果畢至赴是設者止鳳閤舍人餘不得預坐舊體禁中上事元無樂前代或有令伎藝人弄獼猴藏珠之戲者

玉堂之上惟上事受吏人賀禮始得正坐餘雖承旨亦須坐於東廂其副翰坐西廂餘依雙隻對坐居是職者

人物之選亦已極矣儒墨之榮亦已至矣苟能節用以安貧杜門以省事探真如之旨養浩然之氣來者瞻望其出處時君優假其顏色逍遥卒歲非神仙而何每上直一依舊制入者先之出者後之或會食日旰之後同列出院當直學士苟已褫巾笏則可紗帽鞁履送至玉堂之簾下並同列相恕其坦率也或禁直垂簾人靜之際則有中使忽降御詩宣令屬和則必尋拜謝狀後信宿方和進如聲韻奇險難以賡載者必拜章瀝懇陳述

寡和之意優詔多免焉每錫賜謝恩奏狀必當直草或郊禋行慶制命塡委必聚廳以分草之其餘書草辭祝頃刻之間雖繽紛而至必獨當之或數直有不草一詞者自可探賾往誥研窮理體以備顧問焉

李肇翰林志曰凡將相告身用金花五色綾紙唐乾寧二年十月十日李鋋自黔南節相授京兆尹兩度咨報中書用白綾紙令親王相告身並用金花五色白背綾紙觀察使及參知政事樞密副使簽署樞密院公事並五色綾紙無金花諸蕃酋長蠻王鬼主

官告中書省草詞送本院寫皆五色綾白背紙（一本作白大綾紙）俱新制也

舊體樞密使未帶使相者不宣麻至周太祖初潛歷是始乃宣制於公朝令之宣麻自周太祖始也

晉天福二年中書奏准翰林志凡赦書德音立后建儲行大誅討拜免三公宰相命將內制並使白麻紙不使印雙日起草候閤門鑰而後進呈至隻日百寮立班於宣政殿（今於文德殿）樞密使引案（今以閤門使引）俱自東上閤出若

拜免宰相即付通事舍人餘付中書門下並通事舍人
宣示若機務急速亦使雙日甚速者雖休假亦追班據
翰林志言立后不言立妃言儲君不言親王公主兼三
師位在三公之上文並不載今後立妃及拜免三師三
公宰相命將封親王公主並降制命餘從令式天成三
年十二月日學士院記事樞密院近送到知高麗國諸
軍事王建表令賜詔書者其高麗國先未曾有人使到
闕院中並無彼國詔書式樣未審呼卿為復呼汝兼使

何色紙書寫及封裹事例伏請特賜叅酌詳定報院者
中書帖太常禮院令具體例分析申堂據狀申謹案太
宗親平其國不立後嗣是以賜詔無賜高麗國式樣且
東夷最大是新羅國請約新羅國王書詔體例修寫奉
敕所賜高麗國王書詔宜依賜新羅渤海兩蕃書詔體
書寫天復三年七月二十一日學士柳璨宣對思政殿
書寫便令到院宣示待詔自今後凡寫敕後面不得留
空紙但圓融畫敕及日便
得剩紙璨即日宣示之
周顯德中宣諭翰林院今後凡與諸王詔書除本名外

其文辭內有字與本名同者宜改避之

唐韋處厚翰林學士壁記言禁林之材用備矣迄朱梁而下以大才登大用比比而去此不能録今畧記數公事迹以表世不乏賢也餘具譜牒國史謹厚則竇儀李懌徐台符吳承範典麗則李澣陶穀張沆商鵬魚崇諒扈蒙放誕則王著歐陽炳審音則竇儼孝謹則劉溫叟嗜學則張昭申文炳其餘不可勝紀惟陶與竇直禁林之傑者而竇以凝重陶以輕躁圓鑿方枘即可知矣

李懌於天成中入直禁署時宰執以司會貢士呈試多不合格式起請令翰林學士各為格詩格賦一首以為繩準時同職各以撰成送中書中書吏累督懌令撰之懌曰李某識字有數因人成事尚令復應進士落第必矣今備位禁署後生可畏焉能以格詩格賦垂於世哉終不下筆時論喧然以為知大體

承範以稟賦敦厚時宰屢有薦延言可大用公台之望日隆矣每盛暑必危坐輿室加以純緜慮有寒濕之疾

其自重也如此卒不登用其命也夫沈與承範及鵬皆盧華侍郎下進士擢第同年范禹偁江文蔚流落吳蜀亦居僞廷之内署一牓之内學士五人自有科第以來未有若斯之盛者也

台符早以亂羅曾陷北庭因間遯歸所乘馬常多嘶鳴暨晝伏宵行則帖爾屏息逮至中土嘶鳴如故識者以為積善之徵後處禁林周世宗必欲置之廊廟將擇吉日宣制一日内直忽終於玉堂車駕親臨救以上藥已

奄然矣

澣以詞藻特麗俊秀不羣長興中於太傅和魯公下進士擢第未數載與座主同列内署和大拜之制澣實草之不俟和命其閤中器皿動用盡揞歸私室以為濡潤後以石晉不造陷於北庭亦神鋒太峻之致也

周世宗初踐阼北征劉崇旋召魚公復掌文翰時以母老侍養於陜府久而不至乃召陶公陶則不俟駕行謁見行在且稱崇諒懼劉崇兵勝有顧望之意上益不樂

自此升沉不侔矣陶𠫊後自以官居八座位至承旨且欲軋同列之官卑者乃起請令今後學士合班儀在諸行侍郎之下如官至丞郎者即在常侍之上官至尚書依本班迄今以為准焉與夫先人後已之道戾矣士大夫嘉其文而鄙其行焉舊體知制誥在尚書之上學士在左右僕射之上

蒙以仲弟載先直禁署未幾即世蒙繼入焉洎居兩制出處僅三十年嘗預脩五代史至於衰耄頗倦直形於詞色後以工部尚書觧職不數月而逝

著以周世宗代邸舊寮倍有眷注暨世宗即大位亦嘗於曲宴揚袂起舞上優容之或夜召訪以時政屢沉湎不能言

炳以偽蜀順化旋召入院嘗不巾不襪見客於玉堂之上尤善長笛太祖嘗置酒令奏數弄後以右貂終於西洛

儼乃儀之仲弟也嘗與儀連翩知貢舉直內制時比之二陸焉昆弟五人皆擢進士第時亦謂之五龍閨門之

盛近實罕比周世宗顯德五年冬將立歲伏前一日親
至於樂懸之下問雅音于工師皆不能答因令儼知太
常卿事與樞密使王朴同詳定之乃用古累黍之法以
審其度造成律准其形如琴而巨凡十三絃以定六律
六吕旋相為宮之義世宗善之至是登歌酌獻始有倫
矣

溫叟乃太常卿岳之子也於晉室開運中召入院乃捧
命書慶於高堂其母不登時見之溫叟在堂下俟命聞

動扃鑰聲莫審其由未幾兩青衣皆丱角舉一箱其中則紫綬兼衣立于庭中母方命捲簾見其子曰此即爾父在禁中日内庫所錫者温叟即搢笏垂泣跪捧退開家廟列祀以文告之其母僅旬日不見其子益感愴之意也

昭以嗜學苦節冠於搢紳清資華貫無所不歷於唐末簡策遺墜之後能糾合遺言著成唐書至是褒貶是非咸得其理文炳為學之志老而彌篤躬抄圖史僅盈數

篋其所為文多自注釋之筆迹老熟人尚有傳者餘悉
位以才陞何暇評品其文格焉
夫學士之稱職之至美也至於列位黃閣尚帶大學之
號唐張説猶讓而不處焉則為儒之貴莫越於此唐朝
侍講侍書侍讀皆帶此職後唐同先元年置護鑾書制
學士以倉部員外郎趙鳳為之梁開平三年正月改思
政殿為金鑾殿置大學士一員以景翔為之與館殿大
學士同至皇朝太平興國五年始命禮部侍郎程羽為

文明殿學士文明之號自茲始也後唐天成元年命馮道趙鳳充端明殿學士非舊號也仍詔云班立在翰林學士之上如有轉改只於翰林學士中選益樞密使不曉文義故置此職馮道筠記云天下儒生僅餘萬數殿前學士只有兩人時輩榮之本職在官下趙鳳轉侍郎遣人諷任圜移職在官上至今為例梁開平元年五月改樞密院為崇政院命景翔為院使二年十月置崇政院直學士兩員選有政術文學者為之始以尚書吏部郎中吳藹兵部郎中李珽金門之兄

充選又改為直崇政院後唐同光中依舊為樞密院亦密直學士一人班次在翰林學士之下上之數職雖非視草入而職名相近故亦附於志云

丙戌歲易簡始自祠曹外郎知制誥蒙恩召入院逮今六載略無塵露以益山海今歲驟自祠曹正郎改授中書舍人充承旨之職非才非望益負愧惕因視草之暇集成此書以繼李公之作餘後之制置新規俟他日別加編纂焉時皇宋龍集辛卯淳化紀號之二年孟冬朔

目

翰苑羣書卷八

翰苑羣書卷九

宋　洪邁

次續翰林志

先公自太平興國庚辰歲首登上第不由館殿直升綸閣從釋褐凡七年召入翰苑先帝睠注隆厚垂欲大用者數矣以尚少但加承旨之號以榮之凡八換炎涼方忝預政事有唐以為榮滞相半不虚矣在玉堂日書詔

之暇集近朝故事號續翰林志其末云後之制置新規
俟他日别加編纂焉尋以中樞務㝡㝡趨夕返旋又出
鎮穰下故未遂周序其事嗚呼先公遭時遇主騰䇿雲
漢才名振赫非不大矣職位隆顯非不達矣而夀不登
於强仕志未展於一時莫報寵光旋悲朝露豈使君臣
盛美之事禁林榮耀之蹟不傳於後世耶次子耆岀宰
烏程居多暇日因泣血編録附於志後目之曰次續翰
林志云爾

先公於丙戌歲始入翰林時翰長宋公白副翰賈公黃中皆先達鉅儒同在鼇署公乃作古詩數百言序述疇昔遭逢之由二公亦歌答之今悉附之於後宋即南宮座主也纔及七歲遂為同列故其歌云疇昔卿為尺木階而今直是青雲友賈即嘗任補衮閱民田於澤郡時先公方在幼齡祖父携而謁之仍以文為贄賈贈詩曰曲江顧作先容客曾醉春風上雲十五年更直內署於今朝野流為美談

國家舊制郊祀之禮惟宣祖皇帝侑神作主公受詔攝
禮儀使乃拜疏云太祖皇帝受命造宋垂於無窮不預
嚴配恐乖天人之意仍唐永徽中高祖太宗同配故事
上優詔褒美朝廷議之迄今以為定制焉公始撰翰林
志成以獻上大悅特賜褒章兩篇皆奬飾褒美之旨其
後御批云詩意者因御進續翰林志美居清華之地也
尋刻石於玉堂之東序焉時傳本四出人得之者咸以
為榮先帝以玉署之設其來尚矣但虛傳其號而無正

名乃於紅綃上御書飛白四字題曰玉堂之署以賜焉鈿軸晶熒降從天上御香馥郁傳到人間遂捧歸私第以慶耀其親時祖母太夫人具命服焚香設拜而觀之喜歎之聲動於隣里即命置于本院中擇日懸掛乃具扃鐍於玉堂之上其御札至今鎖之或學士上事及賜敕設即令開之焚香而觀焉自待詔院吏而下咸列賀於庭公曰自唐置學士來幾三百年今日方知貴矣即日詔宰輔暨兩制詞臣就院敕設宴帳之盛無如是時仍賦長韻詩一章以記其事其詩

目曰禁林讌會集今附之于後

有唐學士院深嚴非本院人不可遽入雖中使宣示及有文書必先動鈴索立於門外俟本院小判官出授訖授院使院使授學士自五代以來其制久廢公因召對言之上可其奏自是院内復制鈴索焉淳化中公方在宿直夜將及乙就枕已久忽鈴索聲動即中使賷御草書宋玉大言賦以賜公即具簪笏張燭望宸居再拜而發焉續有劉子云朕草宋玉大言以賜卿不識因呈文

書將來讀與卿及凌晨對敭方畫詳悉公乃自撰大言賦以盡詞曰皇帝書白龍箋作大言賦賜玉堂臣易簡御筆煌煌雄詞洋洋瓌瑋博達不可備詳詔臣陛殿躬指其理且嘆宋玉之奇恠也因伏而奏曰恨宋玉不與陛下同時帝曰噫何代無人焉卿為朕言之臣曰聖人興兮造成功登崑崙兮展升中崑崙南屬地居天地為席兮饗祖宗天起籟兮調笙鏞日烏月兎耀文明也參旗井鉞嚴武衛也執北斗兮奠元酒也削西華兮為石磩也飛

雲湧霞騰燔燎也剸鯨腊鵬代鷫鷞也飛雷三發山神呼也流電三激爟火舉也禮載獻兮淳風還君百拜兮天神懽四時一周兮萬八千年太山融兮溟海乾圓蓋穴兮方輿穿君王壽兮無窮焉時殿上皆呼萬歲上覽之嘉嘆再三賜大言賦名四句其序曰宋玉遇侯王則未足以為美易簡逢眞主堪師法於後人兼賜卿大言賦名四句少年盛世兮為詞臣古往今來兮有幾人首出文章兮居翰林名善守兮合緣寅巳勅石於書閣之

西序矣

先是內院逼近禁闈地復狹窄前後書詔繁萃積於廊房多所損潤公乃於玉堂後廡建二書閣東西交映藻繪間飾自是文籍有附馬閣之上下悉召僧巨然畫烟嵐晚景以布之筆跡野逸效李成之作而又自成一家之妙

唐制學士每有除拜他職必納光院錢以為公用自丞相而下各有差等五代以還其儀久闕公振舉而復之

自是院中費用及待詔而下伏臘之資告足公入叅之
日首納百千上恩詔特令廻賜公嘗奏事歸院上即時
宣召顧左右曰宣蘊某來及對敭而退上猶未起又曰
宣當直學士來及再引對畢未及到廳上又曰召承旨
來時雖處内署而兩地政事多所詢訪蓋聖語有所未
盡故一日凡三接見而三易其稱特眷注之深厚耳
國朝舊制有殿前承旨頗甚繁雜及公拜翰林承旨上
以其稱呼不別又惡其與清貴混淆詔改為三班奉職

以避其稱也公嘗早朝省覲其母於堂上燭滅俟為門扉傷其額及引對上再三顧矚曰豈非飲酒公再拜具以實對上曰待歸院續有藥去及移時中使至於金合內有藥一刀圭許其色微碧及生猪肉一臠（內中無猪盝令旋於屠家取之）中人遽請偃息傳藥於上以肉貼之不食許揭去其肉痂隨而起宛如無傷蓋神異之方也公一日在院內以水一斛試觳器焉上令中黃門偵知遽奏其事而莫辨其器及晚朝上曰卿在院中所玩得非觳器乎公

初亦驚怛尋奏曰臣昔任官江左因而得之乃李氏義
旋妝所作實䥶器之遺象也上遽命取來乃於便殿躬
自校試再三嘆美之公乃進曰臣聞日中則昃月滿則
虧器盈則覆物盛則衰願陛下持盈守成慎終如始固
萬世基業天下甚幸上深加聽納因即獻之自後制度
亦罕有傳者公久在禁林連典貢部自前南宫首薦及
殿庭覆考試多所改易及公薦陳摳相堯叟孫紫微何
一不揺動天下服其知人寒畯之流牢籠殆盡雖退黜

者曾無怨言場屋之間至今歌詠上以公飲酒過多恐成病患因乾明聖節宣近御委曲勸勉至於再三凡移數刻左右大臣莫不聳聽公感戴恩惠但垂涕再拜而已來日具狀稱謝上於表後御書批答云覽卿之謝過表章其辭也深合朕意卿擢登高級盛美儒林敗德之名克先為誡知非能改於不二諸事豈假于再三手札不多賜蘊某凡奏狀縫上皆御寶印之續降一劄子云昨日賜卿批答忽速今日始撿舊本子看誤使一辭字

卿改却着公即具狀謝仍面奏辭字從舌乃是正文并檢虞監書者辭字進呈上大悅曰非卿博識朕以為誤矣上嘗御便殿案上有御書一紙乃銷金紙飛白一香事公乃拜乞上雖許而未即賜坐間呂公師蒙正因奏事見之又乞上曰適已許賜蘇某矣還命公取之公袖以致謝左右無不健羨焉公與襄陵賈公内直禁署嘗相謂曰今兩地大僚請酒至多而罕有相遺者因各有不平之氣未幾賈公入叅大政又數月蔑聞有濃醪之贈

公因飛一絶以贈之憶昔當初直禁林共嗟難得酒如金此時寂寞垂簾坐惆悵無人話此心賈公見之方悟因大笑封送酒歷恣其所請公乃預請數月幾僅百壺好事者即日傳於都下

草麻潤筆自隋唐以來皆有之鄭譯隋文時自隆州刺史復國公爵令李德林作詔高熲戲之曰筆頭乾譯答曰出為方伯杖策而歸不得一錢何以潤筆近朝武臣移鎮及大僚除拜因循多不送遺

先帝以公久在内署慮經費有闕特定草麻例物朝謝

日命閤門督之既得因以書進呈自是無敢有闕者迨令以為定制公嘗劇飲寢於直廬夜將分中人宣召遽起以水沃面具簪笏以朝而方醉中乃賜坐訪以外事應對如流略無舛誤仍令草王密使名顯駮麻及袖歸院晨並不之記上亦不覺其醉自以為神助聞者莫不驚異焉公書詔之暇日飲醇酎上御草書戒酒勸酒詩二章以賜仍令與祖母讀之何人肯立杜康廟又拉劉伶在畔頭願得黄金千萬錠一時送與酒家休又幾醖香

醪一曲歌本圖閒放養天和後人不識先賢意破國亡家事極多儤直之制自五代以還頗亦湮廢雖有舊規而能能遵守公自始入洎起皆力行之亦未嘗借請同院代直自是羣官亦無敢隳其例者因酌楊八座貽儉鳳閣儤直例勒石龕於玉堂之東北隅凡此數事悉先公在翰林之殊迹也耆是時方在幼齡十不記其一二慮年代浸遠徽烈無聞因以編脩刊于緗素一則表神宗優賢之異二則彰先公遭遇之由垂示方來諒亦無愧

時聖上辛亳之歳孟春月書

翰苑羣書卷九

欽定四庫全書

翰苑羣書卷十

宋 洪邁 撰

學士年表 自建隆至治平

建隆

元陶穀 正月自翰林學士承旨吏部侍郎遷禮部尚書依前充職

竇儼 正月自翰林學士中書舍人還禮部侍郎依前充職六月卒

王著 正月自翰林學士金部郎中為中書舍人依前充職

李昉正月自起復翰林學士屯田郎中遷中書舍人依前充職
二陶穀　王著
李昉
三陶穀　王著
李昉七月遷給事中罷　扈蒙
乾德
元陶穀　王著十月責比部員外郎罷
扈蒙十月責左贊善大夫罷　竇儀十月以工部尚書拜

二 陶穀　竇儀
三 陶穀　竇儀
歐陽迥 八月以左散騎常侍拜
四 陶穀　竇儀 十一月卒
歐陽迥
五 陶穀　歐陽迥
開寶
元 陶穀　歐陽迥

二　陽穀　歐陽迥
盧多遜五月以兵部員外郎知制誥直院
三　陶穀十二月卒　歐陽迥
盧多遜
四　歐陽迥六月以本官分司西京罷　盧多遜十二日拜學士
五　盧多遜
六　盧多遜九月以中書舍人拜十月除參知政事
張澹四月以左補闕知制誥權直院

七　張澹六月卒

八

九

太平興國

元　湯悅十一月自太子少詹事為直院　　徐鉉十一月自太子率更令為直院

二　湯悅　　徐鉉

扈蒙正月以中書舍人復拜

三　湯悅　　徐鉉

亳蒙

四湯悦九月遷光祿卿罷　徐鉉

亳蒙

五徐鉉　亳蒙

六徐鉉　亳蒙

七徐鉉　亳蒙

八徐鉉六月遷左散騎常侍罷　亳蒙

李穆五月以中書舍人拜承旨十一月除參知政事

宋白 五月以中書舍人拜承旨

賈黄中 五月以駕部員外郎知制誥為司封郎中拜學士

呂蒙正 五月以左補闕知制誥為都官郎中拜學士十一月除參知政事

李至 五月以左補闕知制誥為比部郎中拜學士十一月除參知政事

雍熙

元 扈蒙 宋白

賈黄中

二 扈蒙 六月遷工部尚書罷 宋白

蘇易簡 賈黄中

三宋白 賈黄中

蘇易簡

四宋白 賈黄中

蘇易簡

宋白 賈黄中

蘇易簡

端拱

元宗白　賈黃中
蘇易簡
二宗白　賈黃中
蘇易簡　李沆三月以職方員外郎知制誥拜
淳化
元宗白　賈黃中
蘇易簡　李沆
二宗白九月責保軍司馬罷　賈黃中九月除參知政事

蕭易簡九月遷中書舍人承旨　李沆九月除叅知政事

韓丕十月以左諫議大夫拜　畢士安十一月以考功員外郎知制誥拜

三蕭易簡　韓丕

畢士安

四蕭易簡　韓丕五月以原官罷

畢士安五月以右諫議大夫知昇州罷　張洎五月以左諫議大夫史館修撰為中書舍人拜

錢若水五月以屯田員外郎知制誥為職方員外郎拜

五張洎　錢若水

至道

元　張洎四月除參知政事　錢若水正月除同知樞密院

宋湜正月以職方員外郎知制誥拜

王禹偁正月以禮部員外郎知制誥拜五月以工部郎中知滁州罷

宋白四月以禮部侍郎復為承旨

二　宋湜　宋白

三　宋湜　宋白

楊礪八月以給事中拜　王旦八月以中書舍人拜

咸平

元宋湜十月除樞密副使　宋白

楊礪二月除樞密副使　王旦

二宋白　王旦二月除同知樞密院

三宋白　梁周翰五月以駕部郎中知制誥拜

師頏五月以刑部郎中知制誥拜　朱昂六月以吏部郎中知制誥拜

王欽若六月以左正言知制誥拜

四宋白　梁周翰

師頏　朱昂五月以工部侍郎致仕

王欽若四月除參知政事

五宋白　梁周翰

師頏八月卒

六宋白　梁周翰

景德

元宋白　梁周翰

趙安仁七月以左正言知制誥拜

二

宗白 五月遷刑部尚書禁賢院學士罷 梁周翰

趙安仁 二月除參知政事 晁迥 五月以起復左諫議大夫拜

李宗諤 五月以起居舍人知制誥拜

三

晁迥 李宗諤

楊億 十一月以左司諫知制誥拜

四

晁迥 李宗諤

楊億

大中祥符

元晁迥　李宗諤

楊億

二晁迥　李宗諤

楊億

三晁迥　李宗諤

楊億

四晁迥　李宗諤

楊億

五晁迴　李宗諤

楊億

六晁迴　李宗諤

楊億六月以太常少卿分司西京罷　陳彭年六月以龍圖閣直學士左諫議大夫拜

李維六月以左司郎中知制誥拜　王曾六月以主客郎中知制誥拜

七晁迴　陳彭年

李維　王曾

八晁迴　陳彭年

李維　王曾

九　晁迥　陳彭年九月除參知政事

李維　王曾九月除參知政事

李迪八月以陝西都轉運使集賢院學士拜

天禧

元　晁迥　李維

李迪九月除參知政事

二　晁迥十一月還承旨　李維五月以戶部侍郎集賢院學士罷

錢惟演正月以工部侍郎拜　盛度十一月以户部侍郎知制誥拜

三　晁迥　錢惟演

盛度

四　晁迥四月以工部侍郎集賢院學士判西京留臺罷

錢惟演八月除樞密副使　盛度七月責知光州罷

楊億四月以起復工部侍郎復拜十二月卒　劉筠八月以兵部員外郎知制誥拜

晏殊八月以户部員外郎知制誥拜

五　劉筠正月以右諫議大夫知廬州罷　晏殊

李諮正月以户部員外郎知制誥拜　李維正月復拜承旨

乾興

元晏殊　李諮

李維　宋綬九月以户部郎中知制誥

劉筠八月以給事中復拜十一月除御史中丞罷

天聖

元晏殊　李諮

李維

二　晏殊　李諮

李維

三　晏殊十一月除樞密副使　李諮九月除樞密直學士知洪州罷

李維　宋綬四月拜

錢易十月以左司郎中知制誥拜

四　李維三月改相州觀察使罷　宋綬

錢易正月卒

蔡齊五月以起居舍人知制誥拜

五宋綬

蔡齊

陳堯咨二月以龍圖閣學士工部侍郎權知開封府拜八月除宿州觀察使罷

六宋綬

蔡齊七月除禮部侍郎龍圖學士知河南府罷

章得象

馮元九月以龍圖閣學士兼侍講學士禮部郎中同修國史拜

陳堯祖九月以樞密直學士左諫議大夫權知開封府拜

七宗綬七月罷　章得象

馮元　陳堯佐三月除樞密副使

八宗綬四月復拜　章得象

馮元　徐奭四月以禮部郎中知制誥拜九月卒

九宗綬十月以龍圖學士知應天府罷　章得象

馮元

明道

元章得象　馮元

二　章得象　馮元

景祐

元　章得象　石中立正月以給事中知制誥拜

張觀正月以刑部郎中知制誥拜

二　章得象　石中立

張觀

三　章得象十二月除同知樞密院　石中立三月除參知政事

張觀二月除給事中御史中丞罷　丁度三月以刑部郎中知制誥拜

晁宗慤三月以起復刑部郎中知制誥拜

四丁度　晁宗慤

胥偃閏四月以工部郎中知制誥拜　李淑閏四月以禮部員外郎知制誥拜

寶元

元丁度　晁宗慤

胥偃　李淑三月除侍

宋庠三月以刑部員外郎知制誥拜

二丁度　晁宗慤

胥偃 八月辛　　宋庠 十一月除左諫議大夫參知政事

王舉正 八月以兵部郎中知制誥拜

柳直 八月以工部郎中知制誥知杭州拜十一月以左諫議大夫除權御史中丞罷

康定

丁度　　晁宗慤 九月除左諫議大夫參知政事

王舉正　　王堯臣 正月以左司諫知制誥拜

慶曆

元丁度 四月遷承旨　　王舉正 五月除左諫議大夫參知政事

王堯臣　聶冠卿四月以兵部郎中知制誥拜
王拱辰五月以左正言知制誥拜　蘇紳五月以刑部員外郎知制誥拜
二
丁度　王堯臣
聶冠卿九月卒　王拱辰三月以右諫議大夫權御史中丞罷
蘇紳　吳育十月以起居舍人知制誥拜
富弼十月以左正言制誥拜固辭罷
三
丁度　王堯臣
蘇紳七月除龍圖閣學士知楊州罷　吳育

四 葉清臣 八月以龍圖閣直學士禮部郎中拜 宋祁

丁度 王堯臣

吴育 葉清臣

宋祁

五 丁度 四月以右部侍郎除樞密副使 王堯臣 正月遷承旨

吴育 正月以右諫議大夫除樞密副使 葉清臣 十一月除翰林侍讀學士知汾州罷

宋祁 二月以翰林侍讀學士兼龍圖閣學士罷 孫抃 二月以起居舍人知制誥拜

張方平 二月以右正言知制誥拜

梁適十一月以樞密直學士禮部郎中知延州拜是月罷為翰林學士知澶州

蘇紳十月以龍圖閣學士禮部郎中復拜

六 王堯臣　孫抃

張方平正月以右諫議大夫權御史中丞罷十一月復拜

楊察正月以右正言知制誥拜

七 王堯臣　孫抃

張方平八月知滁州罷　楊察四月以右諫議大夫權御史中丞罷

葉清臣四月復拜　彭乘三月以工部郎中知制誥拜

錢明逸 三月以右諫議大夫知制誥拜

王堯臣　孫抃

葉清臣　彭乘

錢明逸　趙槩 十二月以刑部郎中知制誥拜

楊偉 十二月以刑部郎中知制誥拜　宋祁 六月復拜十月知許州罷

皇祐元

王堯臣　孫抃

葉清臣 三月以翰林侍讀學士知河陽罷　彭乘 九月卒

錢明逸四月除龍圖閣學士知蔡州罷
趙槩　楊偉
二
王堯臣　孫抃
趙槩　楊偉
嵇穎八月以刑部員外郎知制誥拜九月卒
三
王堯臣十月除樞密副使　孫抃
趙槩　楊偉
曾公亮四月以刑部郎中知制誥拜
田況十二月除龍圖閣學士給事中權三司使罷

四孫抃　　趙槩

楊偉　　曾公亮

田況

五孫抃七月以右諫議大夫權御史中丞罷　趙槩

曾公亮　　田況九月除禮部侍郎三司使罷

胡宿五月以兵部員外郎知制誥拜

至和

元趙槩　　楊偉

曾公亮九月除端明殿學士集賢殿修撰知鄭州罷

胡宿　歐陽修九月以龍圖閣學士吏部郎中拜

呂溱九月以起居舍人知制誥拜　王洙十月以工部郎中知制誥拜

六　趙槩　楊偉

胡宿

歐陽修六月以侍讀學士集賢殿修撰知蔡州罷七月復拜

呂溱二月以翰林侍讀學士知徐州罷　王洙

孫抃六月復拜承旨

嘉祐

元趙槩　楊偉

胡宿　歐陽修

王洙閏三月以翰林侍讀學士兼侍講學士罷　孫抃

王珪十二月以翰林侍讀學士起居舍人拜　曾公亮四月復拜

二趙槩　楊偉

胡宿　歐陽修

孫抃　王珪七月丁母憂

曾公亮

三趙槩十月除翰林侍讀學士龍圖閣學士禮部侍郎知鄆州罷

楊偉二月卒

歐陽修

曾公亮十二月除給事中參知政事

韓絳三月以吏部員外郎知制誥拜

四胡宿 歐陽修

孫抃 韓絳三月以左諫議大夫權御史中丞罷

吴奎 三月以兵部員外郎知制誥拜 王珪

五 胡宿 歐陽修 十一月除樞密副使

孫抃 四月除樞密副使 范鎮

吴奎 十一月除端明殿學士户部郎中知成都府罷

賈黯 二月以兵部員外郎知制誥拜九月除翰林侍讀學士知鄧州府十一月復拜

蔡襄 五月以樞密直學士禮部郎中拜

六 胡宿 閏八月除左諫議大夫樞密副使 王珪

賈黯 蔡襄

范鎮　吴奎六月復拜

七　王珪　賈黯

蔡襄　范鎮

吴奎三月除左諫議大夫樞密副使　馮京十月以翰林侍讀學士右正言拜

八　王珪　賈黯

蔡襄八月遷給事中三司使罷　范鎮

馮京

治平

元王珪　賈黯

范鎮閏五月遷侍讀學士罷　馮京

王疇五月以給事中權御史中丞十二月除樞密副使

二王珪　賈黯二月以給事中權御史中丞罷

馮京　范鎮三月復拜

三王珪　馮京八月丁母憂

范鎮正月除侍讀學士集賢殿修撰知陳州罷

沈遘九月以龍圖閣學士右諫議大夫權知開封府拜尋丁母憂

司馬光閏三月以龍圖閣直學士右諫議大夫兼侍講拜四月除權御史中丞罷九月復拜

吕公著閏三月以龍圖閣直學士給事中知蔡州罷

鄭獬九月以兵部員外郎知制誥拜

王安石十月以工部郎中知制誥知江寧府拜

翰苑羣書卷十

翰苑羣書卷十一

宋　洪遵

翰苑題名

翰苑自唐寶應迄於大中學士官族皆刻石龕之屋壁五季以紛擾久廢藝祖受命首建直廬太宗親灑宸翰以增寵奬聖稽古推擇尤嶄景德初趙安仁晁迥李宗諤始復制壁記起國初自承旨陶穀以下至直院用除

授次第列列後居職者皆得以流芳久遠中遭變故今不復存

睿主中興偃武右文柬求鴻碩追坦明之制如二帝三王之盛以章列聖之休規模遠矣而姓名未紀來者何觀學士秦公梓再有建請未幾出守宣城因循迄今該猥以淺陋寓直骫骳之文豈足以潤色丕業顧獲繼諸公之後託名于不朽欣幸之極乃為之序紹興十八年七月既望右中奉大夫權尚書禮部侍郎兼直學士院

沈該謹序

朱勝非建炎元年五月以中書舍人兼權直院八月除禮部侍郎依舊兼權十一月除翰林學士二年五月除右丞相

王陶建炎元年六月以給事中兼權直院十二月除禮部侍郎依舊兼權二年除工部尚書

葉夢得建炎二年以戶部侍郎除翰林學士十一月除左丞

康執權建炎二年以吏部侍郎兼權直院是年罷

盧益建炎二年以兵部侍郎兼權直院是年罷

孫覿建炎二年以吏部侍郎兼權直院三年正月罷

李邴建炎二年十一月以兵部侍郎兼權直院三年二月除翰林學士三月除簽書樞密院事

張守建炎三年三月以起居舍人兼權直院尋除中書舍人依舊兼權四月除御史中丞

詹人建炎三年三月以龍圖閣學士兼權直院六月罷

滕康建炎三年四月以諫議大夫除翰林

學士五月除簽書樞密院事

曾楙 建炎三年八月以徽猷閣直學士提舉西京崇福崇福宮除翰林學士是月除禮部尚書

張守 建炎三年六以禮部侍郎除翰林林學士九月除簽書樞密院事

汪藻 建炎三年七月以中書舍人兼權直院是年除給事中依舊兼權四年七月除兵部侍郎兼權紹興元年五月除翰林學士九月除龍圖閣直學士知湖州

綦崇禮 建炎四年五月以吏部侍郎兼權直院十月除徽猷閣直學士知漳州

席益 紹興元年八月以中書舍人兼權直院十月罷

胡交修 紹興元年十月以給事中兼權直院二年宮觀

綦崇禮 紹興二年二月以吏部侍郎兼權直院七月除兵部侍郎依舊兼權九月除翰林學士四年七月除寶文閣學士知紹興府

翟汝文 紹興二年三月以顯謨閣直學士致仕除翰林學士承旨四月除參知政事

沈與求 紹興二年七月以吏部尚書兼權翰林學

士十二月宫觀

徐俯紹興三年二月以諫議大夫除翰林學士是月除簽書樞密院

陳與義紹興三年七月以吏部侍郎兼權直院四年四月除禮部侍郎依舊兼權八月除徽猷閣直學士知湖州

孫近紹興四年七月以吏部侍郎兼直院五年二月除翰林學士十一月除吏部尚書兼權翰林學士六年八月除龍圖閣學士知紹興府

沈與求紹興四年八月以吏部尚書兼權翰林學士九月除叅知政事

胡交修紹興五年二月以刑部侍郎兼權直院十一月除翰林學士六年四月除刑部尚書

朱震紹興六年五月以給事中兼權直院是月除翰林學士八年六月致仕

陳與義紹興六年六月以中書舍人兼權直院十一月除翰林學士七年正月除叅知政事

胡世將紹興七年正月以給事中兼直院九月院兵部侍郎依舊兼八年正月除樞密直學士四川安撫制置使兼知成都府

胡寅紹興八年

四月以禮部侍郎兼權直學五月以憂去**曾開**紹興八年五月以禮部侍郎兼權直院十二月除寶文閣待制知婺州**呂本中**紹興八年六月以中書舍人兼權直院十月罷**孫近**紹興八年十月以龍圖閣學士知紹興府除翰林學士承旨十一月除參知政事**樓炤**紹興八年十一月以給事中兼權直院九年二月除翰林學士三月除簽書樞密院事**李誼**紹興九年三月以中書舍人兼直院九月除工部侍郎依舊兼十年正月除宮部尚書**胡交修**紹興八年六月以兵部尚書兼權翰林學士十年十一月除端明學士知台州**林待聘**紹興十年五月以中書舍人兼權直院十二月除給事中依舊兼權十一年七月除兼直院十二月以憂去**范同**紹興十年十二月以給事中兼直院十一年五月除翰林學士七月除參知政事**程克俊**紹興十一年十一月以給事中兼權直院十二年四月除兼直院九

月除翰林學士二月除簽書樞密院事

吳表臣紹興十二年正月以吏部尚書兼權學士院二月罷

秦梓紹興十一年九月以敷文閣直學士兼權直院十月除兼直院十三年閏四月除翰林學士六月除龍圖閣學士知宣州

王賞紹興十二年十月以權禮部侍郎兼權直院十三年五月除禮部侍郎依舊兼權十二月罷

洪晧紹興十三年八月以徽猷閣直學士提舉萬壽觀直權直院九月依舊職知饒州

楊愿紹興十二年十月以給事中兼權直院四年三月除兼直院十一月除御史中

秦熺紹興十四

紹興十三年十二月以起居舍人兼權直院是月除中書舍人依舊兼權十四年二月罷

秦熺紹興十四

三月以禮部侍郎兼直院十五年正月除翰林學士六月除翰林學士承旨十月除資政殿學士提舉萬壽觀

段拂紹興十四年十一月以中書舍人兼權直院十六年正月除給事中依舊權十一月除兼直院十

七年三月除翰林學士是月除叅知政事**錢周材**紹興十七年三月以中書舍人兼權直院六月罷

丕鎡紹興十七年六月以中書舍人兼權直院十二月致仕**邉知白**紹興十七年十二月以權

吏部侍郎兼權直院十八年五月罷**李椿年**紹興十八年正月以權戶部侍郎兼權三月除戶部侍郎

沈該紹興十八年三月以權禮部侍郎兼直院八月除敷文閣待制知潼州府**相李椿年**紹興

十八年八月以戶部侍郎兼權直院十一年十一月罷**巫伋**紹興十九年十一月以給事中兼權直院

二十年三月除簽書樞密院事**王曮**紹興二十年三月以起居舍人兼權直院二十一年四月除權禮部

侍郎**湯思退**紹興二十年三月以秘書少監兼權直院二十一年四月除起居舍人二十二年十月除

權禮部侍郎二十四年十一月除禮部侍郎二十五年六月除簽書樞密院事**相沈虛中**紹興二十

五年六月以國子司業兼權直院八月除兵部侍郎二十六年二月罷

陳誠之紹興二十五年十二月以敷文閣直學士知泉州除翰林學士二十六年九月除同知樞密院事

劉才卲紹興二十六年三月以工部侍郎兼權直院二十七年四月除顯謨閣直學士提舉江州太平興國宮

王綸紹興二十七年二月以中書舍人兼權直院六月除工部侍郎直院二十八年二月除同知樞密院事

楊椿紹興二十八年二月以給事中兼權直院二十九年二月除兵部侍郎直院十二月除兵部尚書兼權翰林學士三十一年三月徐參知政事

周麟之紹興二十八年二月以中書舍人兼權直院八月除兵部侍郎直院十二月除給事中二十九年六月除翰林學士三十七年七月除同知樞密院事

洪遵紹興三十年八月以吏部侍郎除翰林學士十二月除徽猷閣直學士提舉江州太平興國宮

何溥紹興三十一年三月

以左諫議大夫除翰林學士三十二年三月除龍圖閣學士提舉江州太平興國宮

虞允文紹興三十一年九月以中書舍人兼權直院三十二年二月除兵部尚書川陜宣諭使

相

劉珙紹興三十一年十二月以起居舍人兼權直院三十二年三月除中書舍人五月兼直院隆興元年十一月除集英殿修撰知泉州

唐文若紹興三十一年十二月以起居郎兼權直院三十二年二月車駕回依舊

洪遵紹興三十二年五月以徽猷閣直學士知平江府除翰林學士六月除承旨隆興元年五月除同知樞密院院事

史浩紹興三十二年六月以中書舍人除翰林學士八月除參知政事

相

錢周材隆興元年六月以中書舍人兼直院十月除給事中二年二月以憂去

王之望隆興元年十一月以權戶部侍郎兼權直院十一月除權吏部侍郎二年四月除左諫議大夫

張孝祥隆興二年二月以中書舍

人兼直院三月除敷文閣待制知建康府

馬騏 隆興二年三月以起居舍人兼權直院四月除直敷文閣知遂寧府

洪适 隆興二年四月以太常少卿兼權直院九月除中書舍人閏十一月兼直院乾道元年五月除翰林學士六月除簽書樞密院事

相 王剛中 隆興二年閏十月以敷文閣直學士除翰林學士以避祖諱改除禮部尚書直學士院十二月除簽書樞密院事

蔣芾 乾道元年正月以起居郎兼權直院七月除中書舍人兼直院二年五月除簽書樞密院事

相 何俌 乾道元年正月以權工部侍郎兼權直院三月除集英殿修撰知衢州

王曮 乾道元年九月以權禮部侍郎兼直院二年五月除中書舍人九月除給事中三年閏七月除敷文閣待制提舉江州太平興國宮

洪邁 乾道二年十月以起居舍人兼權直院三年六月除起居郎七月除中書舍人兼直院四年六月除集英殿修撰提舉江州太平興國宮

劉珙乾道三年閏七月以敷文閣直學士知潭州除翰林學士十一月除同知樞密院事　莫濟乾道
三年十一月以宗正少卿兼權直院四年十一月以憂去　汪應辰乾道四年十一月以吏部尚書兼權
翰林學士六年四月除端明殿學士知平江府　梁克家乾道四年十一月以給事中兼直院五年二月
除簽書樞密院事相　陳良祐乾道五年四月以給事中兼直院六年二月除吏部侍郎閏五月罷
鄭聞乾道六年四月以中書舍人兼直院七年三月除寶文閣待制提舉江州太平興國宮　周必
大乾道六年七月以秘書少監兼權直院七年七月除權禮部侍郎八年二月宮觀　王曮乾道七年
四月以給事中除翰林學士八年三月除承旨九年三月除端明殿學士提舉江州太平興國宮　鄭聞
乾道八年七月以刑部侍郎兼直院九月除權刑部尚書　王淪乾道九年閏正月以宗正少卿兼權直院

七月除權工部侍郎
王淮乾道九年四月以太常少卿兼權直院七月除中書舍人兼直院

翰苑羣書卷十一

欽定四庫全書

翰苑羣書卷十二

宋　洪邁

翰苑遺事

淳化二年閏二月命翰林學士賈黄中蘇易簡同勾當差遣院李沆同判吏部流内銓學士領外司自此始也

是年十一月二十三日詔定降麻事例宰臣樞密使使相節度使

特恩加官除授學士事例銀百兩衣着百疋覃
恩加食邑起復落起復銀五十兩衣着五十疋
親王以有宣賜事例更不重定公主未出降
依親王例宣賜已出降令駙馬都尉管送
大中祥符三年閏二月學士晁迥言今月十八
日宰臣名臣等問所降德音不鎖院之故按本院
舊例赦書德音不曾鎖院臣等商議除南郊赦書
緣車駕齋宿在外並是預先進入降付中書難以
鎖院外自餘赦書德音今後並依降麻例鎖院從
之

六年八月學士院諮報準詔議定書詔用紙今定文武官待制大卿監觀察使以上用白詔紙三司副使閤門使少卿監刺史以上用黃詔紙自餘非巡幸大禮教書教榜外並用黃表紙從之（右四事國朝會要）

八年四月二日兩制賜御筵於學士院直館及朝臣於史館以考校畢也（錢文僖王堂逢辰錄）

百司申中書皆用狀惟學士院用諮報其實如劄子亦不出名但當直學士一人押字而已謂之諮報（今俗謂草書名）

為押字也此唐學士院舊規也唐世學士院故事近世隳廢殆盡此一事在爾

往時學士循唐故事見宰相不具靴笏繫鞋坐玉堂上遣院吏計會堂頭直省官學士將至宰相出迎近時學士始具靴笏至中書與常參官雜坐于客位有移時不得見者學士日益自卑丞相禮亦漸薄並習見已久恬然不復恠也

嘉祐二年樞密使田公況罷為尚書右丞觀文殿學士

燕翰林侍讀學士罷樞密使當降麻而止以制除盖往
時高若訥罷樞密使所與官職正與田公同亦不降麻
遂以為故事
真宗時丁晉公謂自平江軍節度使除兵部尚書參知
政事節度使當降麻而朝議惜之遂止以制除近者陳
相執中罷使相除僕射降麻龐籍罷節度使除觀文殿
學士又不降麻盖無定制也仁宗初立今上為皇子令
中書召學士草詔學士王珪當直召至中書諭之王曰

此大事必須面奉聖旨於是求對明日面禀得旨乃草
詔羣公皆以王為真得學士體也
端明殿學士五代後唐時置國朝尤以為貴多以翰林
學士兼之其不以翰苑兼職及換職者百年間纔兩人
特拜程戡王素是也
王元之在翰林嘗草夏州李繼遷制繼遷送潤筆物數
倍於常然用啓頭書送拒而不納蓋惜事體也近時舍
人院草制有送潤筆物稍後時者必遣院子詣門催索

而當送者往往不送相承既久令索者送者皆恬然不以恠也右十一事歐公歸田録

臣伏見國家承五代之餘建萬世之業誅滅僭亂懷來四夷封祀天地制作禮樂至於大臣進退政令改更學士所作文書皆繫朝廷大事示於後世則為王者之訓謨藏之有司乃自本朝之故實自明道已前文書草槀尚有編録景祐以後漸成散失臣曾試令類聚收拾補綴十已失其五六使聖宋之盛文章詔令廢失湮淪緩

急事有質疑有司無所檢證葢由從前雖有編録亦無類例卷第秪是本院書吏私自抄寫所以易為廢失今欲乞將國朝以來學士所撰文書各以門類依其年次編成卷帙號為學士院草録有不足者更加求訪補足之仍乞差本院學士從下兩員專攻管句自令以後接續編聯如本行人吏不畫時編録致有漏落許令本院舉察理為過犯此臣本院常事也所以上煩聖聽者葢以近歲以來百司綱紀相承廢壞事有曾經奏聞及有

聖旨指揮者僅能遵守若祇是本司臨時處置其主判

之官纔罷去則其事尋亦廢停所以止欲乞朝廷特降

指揮所貴久遠遵行不敢廢失六一居士集

唐制翰林學士本職在官下五代趙鳳為之始諷宰相

任圜移在官上按趙鳳升學士於官上乃端明殿也

唐翰林院在銀臺之北乾封以後劉禕之元萬頃之徒

時宣召草制其間因名北門學士今學士院在樞密院

之後腹背相倚不可南向故以其西廊西向為院之正

門而後門北向與集英相直因牓曰北門兩省樞密院皆無後門惟學士院有之學士退朝入院與禁中宣命往來皆行北門而正門行者無幾不特取其便事亦以存故事也

唐翰林院本内供奉藝能伎術雜居之所以詞臣侍書詔其間乃藝能之一爾開元以前猶未有學士之稱或曰翰林待詔或曰翰林供奉如李太白猶稱供奉自張垍為學士始别建學士院于翰林院之南則與翰林院

分而為二然猶冒翰林之名葢唐有弘文館學士麗正殿學士故此特以翰林別之其後以名官訖不可改然院名至今但云學士而不冠以翰林則亦自唐以來沿習之舊也

唐翰林學士結銜或在官上或在官下無定制予家藏唐碑多如太和中李藏用碑撰者言中散大夫守尚書戸部侍郎知制誥翰林學士王源中之類則在官下大夫中王巨鏞碑撰者言翰林學士中散大夫守中書舍

劉瑑之類則在官上瑑仍不稱知制誥殊不可曉按劉瑑不稱知制誥唐以來至中書舍人則不帶三字國朝熙寧宮俗稱翰林學士為坡蓋唐德宗時嘗移學士院于金鑾坡上故亦稱鑾坡唐制學士院無常處駕在大內則置於明福門在興慶宮則置於金明門不專在翰林院也然明福金明不以為稱不常居之耳諫議大夫亦稱坡此乃出唐人之語也諫議大夫班本在給事舍人上其遷轉則諫議歲滿方遷給事中自給事遷舍人當時語云饒道升上坡去亦須却

下坡來以諫議為上坡故因以為稱見李文正所記
學士院舊制自侍郎以上辭免除授則賜詔皆留其章
中書而尚書省略其事因降劄于下院使為詔而已自
執政而下至于節度使使相則用批答批答之制更不
由中書直禁中封所上章付院令降批答院中即更用
紙連其章後書辭併其章賜之此其異也辭既與章相
連後書省表具之字必長作表字傍一撇通其章階位
上過謂之抹階若使不復用舊銜之意相習已久莫知

始何時

舊制學士以上賜御仙花帶而不佩魚雖翰林亦然惟二府服笏頭帶佩魚謂之重金元豐官制始行詔六曹尚書翰林學士皆得佩魚故蘇子瞻謝翰林學士表云玉堂賜篆仰淳化之彌文寶帶重金佩元豐之新渥玉堂之署四字太宗飛白書淳化中以賜蘇易簡

蘇叅政易簡登科時宋尚書白為南省主文後七年宋為翰林學士承旨而蘇相繼入院同為學士宋嘗贈詩

云昔日曾為尺木階今朝真是青雲友歐陽文忠亦王禹玉南省主文相距十六年同為學士故歐陽詩有喜君新賜黃金帶顧我今為白髮翁之句二事誠一時文物之盛也

學士院正廳曰玉堂蓋道家之名初李肇翰林志言居翰苑者皆謂凌玉清遡紫霄豈止于登瀛洲哉亦曰登玉焉自是遂以玉堂為學士院之稱而不為牓太宗時蘇易簡為學士上嘗語曰玉堂之設但虛傳之說終未

有正名乃以紅羅飛白玉堂之署四字賜之易簡即扃鐍置堂上每學士上事始得一開視最為翰林盛事紹聖間蔡魯公為承旨始奏乞摹就杭州刻牓揭之以避英廟諱去二字曰玉堂云

韓門下維以賜出身熙寧末特除翰林學士崇寧中林彦振賜出身韓例亦除翰林學士國朝以來學士不由科第除者唯此二人按韓省試中以父億執政不就廷試後為館職以至兩制未嘗賜第也

唐詔令雖一出於學士遇有邊防機要大事學士不能盡知者則多宰相以處分之要者自爲之辭而付院使增其首尾常式之言謂之詔意今猶見于李德裕鄭畋集近歲或出於宰相進呈訖但召待詔即私第書寫或詔學士宰相面授意退而具草然不能無改定也右十一事

石林燕語

舊學士院在樞密院之後其南廡與密院後院中分門乃西向玉堂本以待乘輿行幸非學士所得常居惟禮

上之日略坐其東受院吏參謁其後為主廊北出直集英殿則所謂北門也學士僅有直舍分於門之兩旁每鎖院受詔與中使坐主廊余為學士時始請闢兩直舍各分其一間與北門通為三以照壁限其中屏間命待詔鮑詢畫花竹於上與王堂郭熙春江晚景屏相配當時以為美談後聞王丞相將明為承旨旁取西省右正言廳以廣之中為殿曰右文

予從叔祖司空道鄉慶歷中為翰林學士仁祖欲大用

會宋元憲為相同年厚善或以為言乃與元憲俱罷然
仁宗欲用之意未衰也再入為三司使而陳恭公尤不
喜適以憂去免喪不召就除知濱州吾大觀中亦叅入
翰林因曲謝略叙陳太上皇喜曰前此兄弟同時迭為
學士者有矣未有宗族相繼於數世之後不唯朝廷得
人亦可為卿一門盛事吾頓首謝

唐制詔敕號令皆中書舍人之職定員六人以其一人
為知制誥以掌進翰林學士初但為文辭不專以詔命

自校郎以上皆得為之班次各視其官亦初無定員故學士入皆試五題麻詔敎詩賦而舍人不試蓋舍人乃其本職且多自學遷也學士未滿一年猶未得為知制誥不與為文歲滿遷知制誥然後始並直本朝旣重學士之遷率自知制誥遷故不試而知制誥始亦循唐制不試雍熙初太宗以李文公沆及來湜王化基為之化基上章辭不能乃使中書並召試制誥二首遂為故事其後梁周翰薛映梁鼎亦或不試而用歐陽文忠公記

唯公與楊文公陳文惠公三人者誤也
太宗敦奬儒術初除張參政洎錢樞密若水為翰林學
士喜以為得人諭輔臣云學士清切之職朕恨不得為
之唐故事學士禮上例弄獼猴戲不知何意國初久廢
不講至是乃賜敕設日舉行而易以教坊雜手伎後遂
以為例而余為學士時但移開封府呼市人教坊不復
用矣既在禁中亦不敢多致但以一二伎充數爾大觀
末余奉詔重修翰林志嘗備録本末會余罷書不克成

右四事葉夢得避暑録話

謝克家除翰苑以祖諱辭有旨銜内權不用三字謝以不帶三字止同職名不可赴院供又固辭

熙寧初韓子華拜相其弟持國在翰苑神宗前期諭令草制注意厚矣特國懇辭弟兄之嫌得請元符末曾子宣爰立其弟子開直北門薇廟特命草麻蓋示眷寵也

右二事謝伋四六談麈

學士及舍人院最重題名學士及舍人赴職之日本院

設具應佗學士給諫丞郎待制皆預會以是日題名于石玉册官判字後有拜宰相者即其名下判相字其家遣子弟齎宴具就本院召學士待制以上皆集最為盛禮自元豐行官制之後一切廢罷矣

劉子儀在南陽以翰林學士召中途改成都彌年又召為學士至西京復加兩學士知鄭州謝表云仙山已到屢為風引而還長安甚遥豈覺日邊之近

故事皇子出閣以翰林學士一員掌牋表南豐先生以

中書舍人掌延安郡王牋表出於一時之選也右三事曾紆南游記舊

國朝仍因舊制翰林學士分日遞直夜入宿以備著撰日再而更遇鏁院不前聞日宴禁中連遣走隷家召至則皇城門將閉矣少頃御藥入院以客禮見探懐出御封屛吏啓緘即詞頭也御藥取燭視扃鑰退就西閣宿學士歸直舍草制未五更院吏書待詔持紙筆立戶外學士據案授稾吏細書奏本待詔用麻紙大書乃付門

下省庭宣者學士臨視點勘匱封以授御藥御藥啟扃
持入禁中院吏復扃至朝退然後開院率以爲常若遇
命相則禁中别設綵殿召學士由内東門入繫鞋立墀
下上御小帽窄衫束帶御座側獨設一繡墩少東置几
陳筆硯其上侍衛者皆下學士升殿造膝受旨趨几書
所得除目進呈置袖中侍衛者皆上乃宣坐賜茶已復
庭謝御藥押送入院鏁宿如常制臣近自禮部尚書入
爲翰林學士八月二十一日晚被召至綵殿獲覩盛儀

如前所云有旨除唐恪少宰罷徐處仁吳敏相上既授
旨復從容語時事是日復除順德帝姬一夕凡四制翊
日入侍經筵上曰詞頗逮意既退遣中使至玉堂賜臣
筆硯等十三事皆當日殿中所設上常御者紫青石方
硯一琴螺鈿匣一宣和殿墨二斑竹筆二金筆格一塗
金鎮紙天祿二塗金硯水蝦蟆一貯粘麫塗金方匳一
鎮紙象尺二薦硯以紫帕匣以黃方啟封時硯漬墨未
乾匳中餘麫猶存顧惟韋布書生幸以詞命為職乃被

賜人主所御筆硯則知翰苑職親地近非佗要官比如臣鄙陋豈所宜蒙哉異時當草命相制間有被此賜者雖故事實異恩且詞臣之極榮也臣既什襲寶藏以傳子孫因記其事以補翰林志缺文焉昔錢思公嘗謂朝廷之官雖宰相之重皆可雜以他才處之惟翰林學士非文章不可當時頗以此語取怨於人歐陽文忠公自作內制集序猶以斯言為愧末乃云亦以誇於田夫野老而已然則臣之所以記此亦將以為田野之美談耳

靖康元年十月望日記 王富玉堂賜筆硯記

先生與僕論官制因言及玉堂故事先生曰且如玉堂二字人多不觧太宗皇帝嘗飛白題翰林學士院曰玉堂之署葢此四字出於李尋傳且玉堂殿名也而待詔者有直廬在其側李尋時待詔黄門故曰久汙玉堂之署至英廟嗣位乃徹去及元豐中有翰林學士上言乞摘去二字復榜院門以為臣下光寵詔可是乞以殿名名其院也不遜甚矣僕退而檢漢書葢漢之待詔者或

在公車或在金馬門或在官者廬或在黃門時李尋待
詔黄門哀帝使侍中往問災異對曰臣尋位卑術淺過
隨衆賢待詔食太官衣御府久汙玉堂之署師古曰玉
堂殿在未央宫然制度不見其詳獨翼奉傳略載之奉
嘗上疏曰漢德隆盛在於孝文皇帝躬行節儉外省繇
役其時未有甘泉建章及上林中諸離宫館也未央宫
又無高門武臺麒麟鳳凰白虎玉堂金華之殿獨有前
殿曲臺漸臺宣室承明耳以此考之則玉堂殿乃武帝

所造也僕後以問先生先生曰然馬永易元城先生語錄

唐制翰林學士初入院賜設并衣服中和節賜紅牙銀寸尺上巳重陽並賜宴曲江清明賜新火夏賜冰臘日賜口脂及紅雪澡豆歲前賜歷日有所修撰則賜茶果酒脯筴試程文則賜設并匹帛社日賜酒蒸餅餜餅等事見唐人文集李邕號翰林六絕謂文學書翰等六事過人李絳初入院憲宗親擇笏以賜之李昉久掌內制太宗朝作相赴學士院敕設賦詩奏謝序述七盛如請

真俸給食錢朱衣雙引初除宣名敕諭正謝賜鞍馬之類皆前代所無也太宗好儒嘗宣諭蘇易簡曰詞臣清美朕恨不得為之夜幸本院易簡已寢內侍以秉燭自牕照之俾具衣冠牕紗燃破後不復補以示優禮帝善書他日作飛白玉堂之署四字賜易簡至元豐中神宗一新官制學士與六尚書一等帶皆重金蘇子瞻謝表云玉堂賜篆仰淳化之彌文寶帶重金佩元豐之新渥建炎改元予忝名命謝章以七盛對六絕燃牕對擇笏

亦前輩偶然未用天禧元年二月學士院言詔敕詞尾並云故兹詔示故兹示諭方云想宜知悉内諸道進奉相承並不言詔示示諭竊思詔示各有嘉奬之意亦各標云示諭令欲添入又諸處奏告青詞比來只是用紙裹角令請委三司造黑漆木筒五十枚凡有奏告封詞齋往從之國朝會要

乾興元年十月翰林學士晏殊等言先朝楊億再為學士班錢惟演之上令新添除學士劉筠天禧中已入翰

林請如故序班臣等之上從之其後率如此例仁宗實録
天聖元年十月詔翰林學士遇隻日至晚出宿盖故事以雙日鎖院隻日降麻也仁宗實録
皇祐元年九月以翰林學士承旨兼端明殿學士尚書戶部郎中知制誥王堯臣加諫議大夫以久在禁林優遷之也堯臣歲滿當遷宰臣文彥博以其久任請降此命
二年九月十六日新除翰林學士稽穎未及謝卒詔賜告敕襲衣金鞍勒馬於其家

至和元年九月翰林學士楊察爲承旨知制誥吕溱王
洙並爲翰林學士故事學士六員令洙爲第七員葢宰
相過除也
嘉祐六年三月承旨宋祁言久病不敢稽朝謁入學士
院欲帶一子主湯藥從之
七年三月學士院言臣僚上表幷劄子陳請事唯宰臣
樞密使方降手詔手書自叅知政事樞密副使以下即
無體例去年三月因樞密副使陳升之請郡内批令降

不允手詔當直學士胡宿亦曾論奏以手詔體重乞只降不允詔而不從其請竊緣近禁動成故事恐成隳廢典故乞自今除宰臣親王樞密使有所陳請事依例或手詔手書自餘臣僚更不降手書手詔許從本院執奏從之

凡學士院置待詔十人國初承舊制翰林待詔六人寫書詔循舊制月俸九千春冬給衣又有隸書待詔六人寫簽題封角月俸止六千謂之東頭待詔雍熙四年廢隸書待詔增翰林待詔十人並兼御書院祗候錄事一人景德二年九月本院言孔目官劉尚賓年滿已注宿遷縣尉緣主持書詔

切須諳練乞欲依吏部銓例置主事或録事以本司勒留充職詔以尚賓為録事給孔目官俸自後不常置又五代舊制有主事一人周顯德中廢

孔目官六人表奏官六人驅使官二十人驅使官田頟六人咸平二年初置侍讀侍講學士別補驅使官四人祇應及楊徽之卒復以驅使官二人隸學士院因為八人三年四月詔學士院不得額外添人自後再除拜文明資政侍讀侍講龍圖閣樞密直學士皆學士院遣守闕驅使官祇應多特補正名遂至二十人景德四年四月學士院上言先準敕表奏驅使官闕人於京百司兩省三館抽差即不曾召保揀試本院見有守闕表官八人驅使官十二人今欲以此為守闕定額今後如是闕人即於京百司兩省私名内抽取名三館例召保揀試送中書看詳從之舊又有專知官一人通引官一人廚子六人太平興國四年並廢右六事出國朝會要

治平元年六月翰林學士馮京奏樞密使富弼臣妻父也令權知開封府當避弼不許英宗實録

熙寧六年正月二十一日詔學士院今後大遼國書并諸國詔書合要匣復等並自下司取索訖關三司破除仍諭諸處更不申乞朝旨

七年十二月八日詔翰林學士知制誥至中書樞密院議事許繫鞋遇朔望及不因公事依例穿

十年十月三日學士院言編修諸司式所送本院式十

卷編學士員數并録表疏青詞祝文鎖院敕設宿直之
類看詳學士員數繫朝廷臨時除授若表疏青詞祝文
或請禱之意不同難用一律況朝廷待學士禮意稍異
宣名敕設盡出特恩關白中書樞密院止用諮報不同
諸司乞下本所以吏人差補及官物出入之類並立為
式學士所職更不編載從之
元豐二年十一月翰林學士蒲宗孟乞叙班章惇下從
之以惇先曾任翰林學士下夏服闋再為學士故也

是年十月詔翰林學士並聽佩魚

元祐元年七月詔從承旨鄧溫伯之請學士如獨員每兩日免一宿候有雙員即依故事右六事續會要

政和五年十月徽宗皇帝御書摛文堂三字賜承旨強淵明以榜於院徽宗實録

紹興三十年五月太上皇帝御書玉堂二大字賜學士周麟之得旨於都省宣示宰執侍中秘書俾侍從館閣咸得觀仰刻石院中仍以石本分賜

隆興元年十一月七日聖旨學士院官經筵官日輪二
員宿直於學士院以備顧問續降旨揮遇赴德壽宮起
居聖節開啟滿散車駕詣景靈宮四孟朝獻國忌行香
前一人及旬假節假每遇筵宴並與免宿
隆興二年閏十一月敷文閣直學士王剛中除翰林學
士以祖諱翰改除禮部尚書直學士院唐制自宰相而
下初命皆無宣召之禮學士院在禁中非內官召宣無
因得入故院門别設複門亦以通禁庭也又學士院北

扉者為其在玉堂之南便於應召令學士初拜自東華門入至右丞天門下馬待詔院吏自左丞天門雙引至閣門此亦用唐故事也唐宣召學士自東門入者彼時學士院在西掖故自翰林院東門赴召非若今之東華門也至如挽鈴故事亦緣其在禁中雖學士院吏亦止於玉堂門外則其嚴密可知如今學士院在外與諸司無異亦設鈴索悉皆文具故事而已

學士院玉堂太宗皇帝曾親幸至今惟學士上日許正

他日皆不敢獨坐故事堂中設視草臺每草制則具衣冠據臺而坐今不復如此但存空臺而已

玉堂東承旨閤子𢚩格上有火然處相傳謂太宗嘗夜幸玉堂時蘇易簡為學士宿直已寢矣遽起無燭具衣冠宮嬪自𢚩格引燭入照之至今不欲更易以為玉堂一盛事右二事沈括筆談

先公嘗言翰林學士居深嚴之地職任事體與外司不同至于謁見相府自非朔望慶弔止公服繫鞋而已學

士於內庭出入或曲謟亦不具靴簡若同例齊行前此
命朱衣吏雙引抗聲言學士來直至宮門方止歸院則
朱衣遞聲呼學士來者數四故事學士敘班只在宰相
後令之參知政事班位即舊日學士立班次處也近朝
以來會敘內殿起居敘班在樞密宣徽使後惟大朝會
入閤聖節上壽始得綴台司步武焉吾自延州歸闕再
忝內職時與朱崖盧相同列依舊命吏前後雙引既而
盧謂吾曰令府尹令尹（時皇上開封尹兼中書令）親賢英仁復兼右

相尚以一朱衣前導吾儕為學士而命吏雙引因令罷
去雙引自是抗聲傳呼之儀亦稍罷矣
蔡文忠以翰林兼侍讀兩學士改龍圖閣學士知樞密
自翰林改龍閣出藩蘇文忠始也右二事宋敏求退朝録
丁晉公自保信軍節度使知江寧府召為參知政事中
書以丁節度使召學士草麻時盛文肅為學士以為參
知政事合用舍人草制遂以制除丁甚恨之
太宗時宋白賈黃中李至呂蒙正蘇易簡五人同時拜

翰林學士承旨扈蒙贈之以詩云五鳳齊飛入翰林其後呂蒙正為宰相賈黃中李至蘇易簡皆至參知政事宋白官至尚書老於承旨皆為名臣

楊大年為學士時草答契丹書云鄰壤交歡進草既入真宗自注其側云朽壤鼠壤糞壤大年遽改為鄰境明旦引唐故事學士作文書有所改為不稱職當罷因急求解職真宗語宰執曰楊億不通商量真有氣性

故事學士在內中院吏朱衣雙行太祖朝李昉為學士

太宗在南衙朱衣一人前引而已昉亦去其一人至今如此往時學士入劄子不著姓但云學士臣某先朝盛度丁度並為學士遂著姓名以别之其後遂皆著姓唐人奏事非表非狀者謂之牓子亦謂之録子今謂之劄子凡羣臣百司上殿奏事兩制以上非時有所奏陳皆用劄子中書樞密院事有不降宣敕者亦用劄子兩府自相往來亦然是年議裁省百司冗費學士院月給湌錢三百千學士食料待詔人吏等添給鎖院御藥亦并人從宣召使行家事例皆用此錢

在裁去之數余與宰相論之不從因經筵奏事為上言七盛故事云飡錢其一也祖宗舊典近歲未嘗增數豈可與百司弊事同廢哉上大以為然令傳旨如故朱勝非秀水閒居錄

翰苑秩清地禁沿唐迄今為薦紳榮選世蒙國恩父子兄弟接武而進實為千載幸遇曩嘗稡遺事一編朅來建鄴以家舊藏李肇元稹韋處厚韋執誼楊鉅丁居晦洎我宋數公凡有紀於此者併栞之木仍以國朝年表

中興題名附乾道九年二月七日番陽洪遵書於清濟閣

翰苑羣書卷十二

總校官原任補知府臣葉佩蓀

校對官中書臣程炎

謄録監生臣潘元燫

圖書在版編目（CIP）數據

翰苑群書 / (宋) 洪遵編. — 北京：中國書店, 2018.2

ISBN 978-7-5149-1872-4

Ⅰ. ①翰… Ⅱ. ①洪… Ⅲ. ①官制 – 中國 – 唐代 Ⅳ. ①D691.42

中國版本圖書館CIP數據核字(2017)第312757號

四庫全書·職官類

翰苑群書

作　者　宋·洪 遵編

出版發行　中國書店

地　址　北京市西城區琉璃廠東街一一五號

郵　編　一〇〇〇五〇

印　刷　山東汶上新華印刷有限公司

開　本　730毫米×1130毫米　1/16

印　張　18.5

版　次　二〇一八年二月第一版第一次印刷

書　號　ISBN 978-7-5149-1872-4

定　價　六八 元